DÉTERMINÉ

Moussa Camara

DÉTERMINÉ

Comment on s'en sort

Avec la collaboration
de Sébastien Le Fol

Les Presses de la Cité

92, avenue de France – 75013 Paris
ISBN 978-2-258-20672-4
Dépôt légal : septembre 2023

Ma petite entreprise

Une expression m'intrigue toujours : « être né sous une bonne étoile ». Je ne sais pas s'il faut croire en la chance. J'ai dû en avoir un peu quand même pour qu'autant de personnes bienveillantes croisent mon chemin.

Mais si je n'avais pas été aussi déterminé, les aurais-je rencontrées aussi ? Je ne le saurai jamais.

Je pense tout de même que si on ne se donne pas les moyens de réussir, on a peu de chances que la réussite nous tombe dessus.

Après ma deuxième année de bac pro, je crée ma société dans les télécoms et l'informatique, sans avoir les compétences. Comment j'ai eu cette idée ? Un technicien s'est perdu dans mon quartier. Il cherchait une adresse à Cergy-Pontoise où il devait installer une box chez un client.

Je lui dis : « Suis-moi. »

En chemin, je lui pose des questions sur son métier. Il me donne le numéro de téléphone de son entreprise.

J'appelle.

Le responsable me fixe rendez-vous le lendemain à 7 heures, rue Lecourbe, à Paris.

Il me reçoit.

Il me dit qu'il cherche des sous-traitants à qui il pourrait confier des contrats qu'il décroche.

Il me faut donc créer ma boîte. Quelle galère ! C'est comme si je devais construire un immeuble de quinze étages.

J'ai appris la comptabilité. Mais cela ne suffira pas. Heureusement, je connais un voisin, Belhajl, qui est comptable à la Chambre de commerce, à Cergy. Il s'y connaît en création d'entreprises.

Il accepte de m'aider.

Je m'inscris au greffe. J'éprouve toutes les peines du monde à ouvrir mon premier compte bancaire. Et, une fois que j'ai obtenu mon Kbis, je retourne rue Lecourbe voir le responsable de l'agence.

Incroyable : il a été viré !

Dans ma chance, j'ai de la malchance : j'allais signer mon premier contrat avec lui. Et dans ma malchance j'ai de la chance : l'un des autres responsables de l'agence me propose de travailler avec eux quand même. Il s'appelle Tony Denes. C'est la première personne à m'avoir fait confiance. Il a senti un truc en moi. Cette rencontre a été déterminante dans ma vie professionnelle.

Tony me met dans les mains d'un technicien pour apprendre le métier.

Dans la foulée, je deviens entrepreneur ! Le premier mois, je réaliserai 15 000 euros de chiffre d'affaires. Pour moi, c'est énorme.

Rien à perdre

Quand on n'a rien à perdre, on est plus fort. Alors que si on a quelque chose à perdre, on n'avance pas aussi librement.

On prend moins de risques.

On a peur de sortir de sa zone de confort.

Moi, je n'ai jamais rien eu à perdre.

Je suis parti du bas de l'échelle.

Alors j'ai tenté ma chance.

Si ça ne marchait pas, tant pis.

Je fais et j'apprends en faisant.

C'est comme ça que j'ai développé Les Déterminés, une association pour permettre à tous ceux qui le souhaitent de créer leur entreprise. Je n'avais pas un mode d'emploi détaillé avant de me lancer. Le plan stratégique s'écrit au fur et à mesure.

Tous les « Déter », ainsi que l'on surnomme toutes les personnes formées par Les Déterminés, contribuent à bâtir le récit.

Je pense que ce n'est pas la confiance qui nous fait agir, mais l'action qui rend confiant.

Déterminé

Au début, les déterminés ne s'appelaient pas Les Déterminés. Nous avons lancé le projet sans lui donner de nom. Lorsqu'on réunit la première promo, une phrase revient dans toutes les bouches : « Je suis déterminé. » « On est déterminés. » Alors, on adopte ce mot. Cela devient notre bannière.

C'est quoi la détermination ?

C'est avoir la dalle.

C'est avoir la niaque.

Ce n'est pas seulement vouloir, mais vouloir le plus longtemps possible.

Il y a beaucoup de gens sur terre qui ont de la

volonté. Mais combien y en a-t-il qui ont encore de l'appétit après avoir mangé ?

Un déterminé est quelqu'un d'endurant.

Un déterminé ne lâche rien. Jamais. Même si des tas de choses lui font défaut : les réseaux, les codes, l'éducation.

Un déterminé doit aller au bout de son idée.

Un déterminé n'est jamais satisfait de lui. Il remet sans cesse son ouvrage sur le métier.

Un déterminé se nourrit de ses chutes et de ses échecs.

Un déterminé ne s'estime jamais arrivé.

Un déterminé est un guerrier.

La détermination, ça va et ça vient. Un jour, on est déterminé à 80 % et, le lendemain, à 20 %. Ça change avec l'âge. Ma détermination d'aujourd'hui ne s'exprime pas de la même manière qu'il y a dix ans.

Plus jeune, j'étais un bulldozer. Je me voyais comme Son Goku, le héros de *Dragon Ball Z*, qui sortait plus fort de chacune de ses épreuves. Je cherchais les obstacles.

J'ai appris à canaliser mon énergie et à me poser pour réfléchir.

Mais la détermination reste un muscle. Il faut la solliciter et l'exercer sans cesse. Sans quoi elle se ramollit. Et vous n'avez plus de volonté.

Ce que j'ai appris de mes erreurs

J'ai plus appris de ce que j'ai raté que de ce que j'ai réussi. L'échec de mon entreprise m'a servi. J'ai fait plein d'erreurs que je ne referais pas.

Au départ, j'étais un technicien qui intervenait à son compte. J'avais un contrat. J'en ai accepté d'autres. Ce qui m'a obligé à recruter des personnes : une, puis deux, puis trois... Je suis monté jusqu'à dix salariés.

Je suis allé trop loin et trop vite.

Alors que je n'avais pas encore les capacités de gérer une équipe.

Je croulais sous la paperasserie.

Je travaillais tout le temps, même le week-end. Le 24 décembre, en fin de journée, j'installais encore des box chez des clients pendant qu'ils préparaient leur repas de Noël.

Je n'en dormais plus.

Je me suis dit : il est temps de réduire la voilure. Seul, j'y arrivais mieux. J'ai donné congé à tout le monde.

Ça m'a serré le cœur.

Un entrepreneur m'a dit cette chose que j'ai retenue : « Quand tu as trop d'urgences à gérer, c'est que tu gères mal. Fixe tes priorités. Chaque chose en son temps. »

La Croix-Petit

Mes parents sont arrivés du Mali en France dans les années 1970-80. Mon père, tout seul. Puis ma mère l'a suivi. Ils ont d'abord été logés dans un foyer Sonacotra, à Saint-Ouen-l'Aumône, dans le Val-d'Oise. Ils n'avaient pas l'intention de s'établir en France. Ils venaient juste travailler. Puis mes frères, mes sœurs et moi sommes nés. Huit enfants en tout ! Ça a changé leurs plans.

Ils ont obtenu un T3 au rez-de-chaussée, dans un immeuble de quatre étages sans ascenseur, du quartier de la Croix-Petit, à Cergy-Pontoise. Ensuite, nous avons occupé un T4. Je me souviens d'une enfance heureuse. Même si, jusqu'à mon entrée au collège, nous avons vécu à six dans la même chambre. Autour de nous, il y avait des familles qui venaient de partout : des Portugais, des Marocains, des Antillais, des Sénégalais, des Algériens...

Mes parents ne voulaient pas attirer l'attention. Bien faire leur boulot, c'était leur idée fixe. Mon père balayait les rues et ma mère nettoyait les bureaux.

Mon père est un homme calme et réservé. Tout a l'air de glisser sur lui. Un jour, je me souviens l'avoir accompagné au bureau de poste. Sans faire exprès, il a grillé la politesse à quelqu'un. Au moment où il s'est approché du guichet, la postière lui a crié dessus. Il n'a pas bronché. Moi, j'étais révolté. Mais je ne l'ai pas montré car mon père ne se comporte pas ainsi. Il déteste la confrontation. Quand on l'agresse, il sourit.

Ma mère est plus à fleur de peau. Elle est sensible aux injustices. Je suis comme ça aussi. Je ne me laisse jamais faire. Ma mère a trop souffert. Elle se levait tôt le matin pour aller nettoyer les bureaux à l'hôtel des impôts. Cela lui a cassé le dos. Le soir, après avoir préparé le dîner pour nous, elle retournait travailler. C'est à notre tour de la nourrir. Elle n'a plus qu'à attendre la récolte. On lui doit bien ça.

Nos parents nous ont élevés avec l'idée que la famille, c'est le plus important. « N'oubliez jamais, à la fin, c'est tout ce qui reste. Ne vous laissez pas tomber », nous répètent-ils. C'est peut-être pour ça que nous habitons encore tous à Cergy. Nous conservons un lien de fraternité très important.

J'étais le cinquième de la famille, et le dernier des garçons. On me surveillait comme le lait sur le feu. Et en même temps, on me passait beaucoup plus de choses qu'aux autres.

J'étais toujours dehors. J'étais curieux des autres. Au fond de moi, je savais que j'allais faire quelque chose de ma vie. Mais je ne savais pas encore quoi.

On a repeint les barrières !

S'il y a bien une valeur en laquelle je crois, c'est le travail. Très jeune, j'ai voulu travailler car je refusais d'être un poids pour mes parents. Ils gagnaient difficilement leur vie et ils se mettaient en quatre pour mes frères, mes sœurs et moi. Et puis, il fallait bien s'occuper pendant les longues vacances d'été. On avait vite fait le tour du centre commercial. De toute façon, on ne pouvait rien acheter.

J'ai réfléchi à la manière dont mes copains et moi on pourrait tuer le temps de manière utile. On en a parlé à Nasser, un grand frère, qui s'occupait des plus jeunes du quartier. On lui a dit qu'on était prêts à faire des petits travaux. Par exemple, poncer les barrières au pied des immeubles et les repeindre.

Il en a parlé au bailleur social, qui s'occupait de nos immeubles. Celui-ci a donné son accord.

Avec Riad, Oumar, Madjaro, Kamel, Farouk, Adama et les autres, on s'est retroussé les manches. Pendant une semaine, on a travaillé de 7 heures à 16 heures. Après les barrières, on a ratissé le terrain de foot. Enfin, on a remis à neuf le local poubelles. Les parents venaient nous voir. J'avais quatorze ans. Je me sentais pour la première fois utile. Avec ma tête et mes mains, je pouvais en plus gagner de l'argent et soulager mes parents. Je sus ce jour-là que si je voulais m'en sortir il me faudrait travailler.

Seulement voilà. À la fin de la semaine, lorsque mes copains et moi sommes allés voir le bailleur pour nous faire payer, il nous a demandé de revenir le lundi suivant. Ce que nous avons fait. Avant même l'horaire de l'ouverture, nous sonnions à la porte de l'agence. La consigne avait été donnée de ne pas nous ouvrir.

Nous avons organisé une manifestation pour nous faire entendre. Sur nos pancartes, nous avions écrit : « Donnez-nous nos Pascal ! » À l'époque, l'euro n'existait pas et on payait en francs. Sur les billets, il y avait le visage du philosophe Blaise Pascal.

Mais le bailleur restait sourd à notre demande. C'est à ce moment-là qu'une idée nous est venue. Dans un épisode de *Dragon Ball Z*, un des personnages avait réussi à participer à un grand tournoi en se déguisant.

Nous avons mis au point un stratagème identique. Chez nos parents, nous avons récupéré un boubou. Deux d'entre nous, Oumar et Madjaro, se sont glissés dedans, l'un sur l'autre, pour former une personne plus grande.

Ils ont sonné chez le bailleur. Celui-ci a cru que c'était un adulte et il a ouvert. Le stratagème a marché. Nous sommes entrés. « On ne vous a rien demandé », nous a-t-il dit.

Nos parents ont été convoqués. Ils se sont mis de notre côté. C'est ainsi que nous avons touché notre premier salaire : 500 francs. Nous avions treize-quatorze ans. Nous ne nous sommes pas laissé faire.

L'école, c'est un gilet de sauvetage

À la Croix-Petit, les enfants étaient les enfants de tout le monde. Les familles se mélangeaient et prenaient soin les unes des autres.

On avait toujours le regard d'un adulte sur nous. Ça dissuade de faire n'importe quoi. Cet environnement solidaire et attentif m'a donné un cadre.

Mais l'école a beaucoup compté aussi pour moi. Étudier, c'est fondamental. Il ne faut pas lâcher.

Même quand on est au fond du trou et que l'on est énervé contre la société. L'école est un gilet de sauvetage. Si on ne le saisit pas, on coule.

Mes parents ne pouvaient pas m'aider à faire mes devoirs, mais à leurs yeux, les études c'était très important.

Jusqu'en CM1, je suis allé à l'école primaire du quartier. Ça avait mal commencé. L'instituteur que nous devions avoir en CP a été absent toute l'année et il n'a pas été remplacé. Toute la classe a dû redoubler le CP !

Dire que j'étais un bon élève serait exagéré ! En CM1, on m'a changé d'école. Je me suis retrouvé dans un environnement plus mixte socialement. J'ai rencontré pour la première fois des enfants dont les parents avaient plus de moyens que les miens. Il n'y avait pas une grande différence, mais c'était déjà un autre monde. Au goûter, je me rendais compte qu'ils avaient une autre vie que la mienne. Mais je m'entendais bien avec mes nouveaux camarades.

Je me suis bien intégré. L'enseignement, c'était le jour et la nuit avec mon ancienne école. On faisait des randonnées. On a visité la maison du peintre Van Gogh à Auvers-sur-Oise. Je me souviens de sa petite chambre sous les toits. J'ai été scotché par son histoire. Quand on nous a raconté qu'il s'était coupé l'oreille, nous avons regardé le guide avec de grands yeux passionnés. Pour la première fois, mon horizon s'élargissait. Je touchais des doigts l'Histoire que j'avais lue dans les livres.

Ensuite, je suis allé au collège de la Justice, en ZEP, où j'ai retrouvé tous mes amis. En 5e, je suis passé devant le conseil de discipline. J'étais en conflit avec ma prof de musique qui voulait me faire chanter devant la classe. Moi, je refusais. J'ai jeté ma chaise par terre.

C'était une mauvaise attitude, j'en conviens. Mais le conseil de discipline a été une épreuve pour moi. Et surtout pour mon père, qui était présent. Il ne maîtrisait pas bien le français et l'essentiel de la conversation entre les professeurs lui échappait. Moi non plus, je n'avais pas les bons mots pour me défendre. J'étais déjà condamné avant le jugement. J'aurais beau plaider ma bonne foi, remettre l'incident du cours de musique dans son contexte, on ne m'écouterait pas. Et c'est ce qui se passa…

J'ai été inscrit dans un collège d'une ville voisine, lui aussi plus mixte socialement.

Certains de mes nouveaux camarades habitaient dans des zones pavillonnaires. J'ai participé à mes premiers anniversaires dans des maisons. Après avoir soufflé les bougies, on jouait dans le jardin, sur une belle pelouse.

C'était encore un nouveau monde que je découvrais. Et tout ça dans mon département !

Je suis arrivé au milieu de l'année. J'ai été bien accueilli. Les professeurs donnaient de leur temps. On a rencontré des intervenants passionnants, qui sont venus parler devant la classe. Je me souviens de cette rescapée du camp d'Auschwitz, qui nous a raconté l'horreur de ce que les nazis ont fait aux Juifs. Son témoignage est gravé dans ma mémoire.

Je me souviens aussi d'un exposé sur les tirailleurs sénégalais. C'était un bon moyen de nous intéresser à l'histoire de France, nous qui, pour certains, étions originaires d'Afrique.

Dans les écoles de mon quartier, on n'apprenait pas la même chose. On ne bénéficiait pas de la même qualité d'accompagnement. Ce n'est pas normal. On devrait mettre le paquet pour instruire les enfants comme moi. Il faut leur offrir le meilleur. Les inégalités commencent là. J'en ai pris toute la mesure en changeant d'établissements. C'est comme ça que l'on crée un décrochage et que l'on réduit les chances de réussite.

Mais si j'ai un conseil à donner, c'est de ne jamais, jamais, lâcher l'école.

La caisse à outils

Mon père avait une caisse à outils. Pour moi, c'était comme une caverne d'Ali Baba. On peut tout faire dans la vie avec un bien si précieux : construire, rafistoler, fabriquer... On peut aussi concevoir de nouveaux objets.

Moi, à peine rentré de l'école, je réparais les vélos des autres. Je changeais leurs roues, serrais leur selle, huilais leurs freins. Je me plongeais dans la caisse à outils de mon père avec gourmandise. Mes mains se saisissaient des tournevis et des pinces comme de bonbons.

Paroles de Déterminés
Anne-Louise Cambier, ALBA*

« Très jeune, j'ai eu besoin d'acquérir mon indépendance. Ma mère m'y a toujours encouragée. Elle avait été marquée par le manque d'autonomie économique à laquelle sa propre mère avait été confrontée en se retrouvant brutalement veuve à l'âge de trente-six ans, alors qu'elle ne travaillait pas. D'ailleurs, ma grand-mère m'a confié un jour que si c'était à refaire, elle aurait choisi de travailler. Je pense que l'origine d'ALBA tient à cette part de mon histoire. Une chose est sûre, ma grand-mère comme ma mère ont compté dans ma volonté d'accompagner les femmes dans le choix de leur parcours professionnel.

Ma construction fut un peu compliquée. Dès la terminale j'ai pris mon indépendance et dû assumer les responsabilités qui vont avec. J'ai obtenu mon bac, puis un BTS communication à Caen. Ensuite, je suis arrivée à Paris où j'avais été reçue à l'ISCOM. J'ai évolué durant dix ans dans l'industrie de la mode, notamment chez Uniqlo, puis Princesse tam.tam où j'ai passé six ans.

En 2015, j'ai soudainement perdu ma grand-mère

qui était une grande source de joie pour moi… J'ai alors entamé un profond travail d'introspection. Trois ans plus tard, l'année de mes trente ans, ma meilleure amie donne la vie. Je me demande : "Quelle adulte ai-je envie d'être ?" Une évidence m'apparaît : je veux me sentir utile. Entreprendre, et donner du sens.

Chez Princesse tam.tam, j'avais une collègue qui est devenue une amie : Yasmine Iamarene, qui créera Midi Pile en 2021. Elle a grandi à Cergy et me parle de la formation des Déterminés pour les entrepreneurs.

Entre-temps ma quête de sens se précise : je veux agir pour les femmes, les aider à se réaliser et choisir leur trajectoire. L'idée d'un programme d'accompagnement me vient. Depuis 2019, ALBA a suivi près de 190 jeunes femmes, à Caen, Cergy, Rouen et en Île-de-France. Elles sont ambitieuses et ont principalement besoin de rencontrer des personnes qui leur ouvrent des portes pour s'accomplir.

Je pense qu'entreprendre permet de se créer son propre monde afin de ne pas mourir dans celui des autres. »

(*) ALBA est un programme qui accompagne les jeunes filles âgées de 15 à 25 ans pour choisir leur orientation. E-mail : al.cambier@alba-asso.com

La première promo

Mon plus grand bonheur, c'est de permettre aux gens de réussir et d'exaucer leur rêve. Depuis 2015, Les Déterminés ont accompagné plus de 1 200 entrepreneurs. 700 entreprises « déterminées » ont vu le jour.

Nous avons été au début de leur histoire puis nous les avons aidées à grandir et à s'épanouir.

Quand je regarde en arrière, ce que je n'aime pas faire, c'est comme si j'ouvrais un livre avec 1 200 personnages. Tous m'ont marqué. Tous m'ont appris quelque chose.

La première promotion, celle de 2015, a forcément gardé une place particulière dans mon cœur. Le premier rassemblement avait lieu à Paris la première semaine de janvier 2015. Le deuxième jour de formation, on apprend qu'un attentat a eu lieu au journal *Charlie Hebdo*, tout près d'où on se trouve. Je me dis deux choses alors. La première : est-ce que les candidats ne sont pas en danger ? La seconde : est-ce que mon projet est encore utile ?

La première promotion a constitué un test grandeur nature. Je me suis assuré que les quinze personnes sélectionnées soient vraiment déterminées. Ensemble, nous partions à l'aventure. J'ai découvert en même temps qu'eux le monde de l'entrepreneuriat.

Cette promo allait également donner le ton à toutes les suivantes. C'est dire son importance.

J'ai d'abord cherché à bien m'entourer. Au début de l'hiver 2014, j'ai embarqué Wafaa, Sofiane et Badreddine, qui étudiait à l'ESSEC. Hamadou m'a dit : « J'en suis. »

Abdou a été désigné premier délégué de l'association. Il a depuis créé une société qui accompagne à la fois les salariés et les demandeurs d'emploi dans leurs projets de reconversion, de formation ou de renforcement de capacités professionnelles.

Pour élaborer le programme pédagogique des Déterminés, nous nous sommes d'abord appuyés sur un organisme spécialisé. Mais assez vite, nous nous sommes rendu compte que nous pouvions nous-mêmes améliorer cette formation grâce aux retours des premiers Déterminés. Fatima, qui travaillait pour notre partenaire, nous a rejoints.

L'accueil réservé à notre initiative a été formidable. Abdou est passé dans la matinale de

Jean-Jacques Bourdin, sur RMC. Et notre histoire a fait la première page du cahier Île-de-France du *Parisien*.

Il y a trois mois, les quinze de la première promo m'ont invité au restaurant pour me remercier. Sept d'entre eux ont créé leur entreprise à la sortie. Sept sur quinze ! Mais c'est moi qui leur dis merci. L'association les a aidés, bien sûr, mais ils ont réussi grâce à eux-mêmes.

Certains n'ont pu aller au bout de leur projet entrepreneurial. Ils ont trouvé un job. Mais ils ont gagné trois-quatre ans dans leur apprentissage professionnel.

Monsieur et madame Zamorano

Il y a une photo que je regarde souvent sur mon iPhone. Je dois avoir huit-neuf ans. Mes copains de la Croix-Petit et moi nous entourons un couple : monsieur et madame Zamorano. Des personnages très connus dans notre quartier. Si je ne les avais pas rencontrés, j'aurais peut-être pris une mauvaise direction.

Elle est argentine et lui chilien. Ils ont fui la dictature de Pinochet. Ce sont des révolutionnaires dans l'âme. L'oppression, l'injustice, ils savent ce que c'est. Leurs histoires de réfugiés politiques ont fait germer en moi une conscience citoyenne.

Au lendemain du premier tour de l'élection présidentielle de 2002, ils ont organisé un grand déplacement à Paris pour aller manifester. Nous y sommes tous allés !

Leur fille Mélodie était amie avec l'une de mes sœurs, Hawa. Pendant leur temps libre, les Zamorano nous recevaient chez eux, dans un immeuble situé juste derrière le nôtre. On savait qu'on allait passer un bon moment avec eux. Ils étaient généreux, attentifs. Ils organisaient des goûters, des matchs de foot. Ils nous apprenaient des chansons latino-américaines. J'ai encore dans la tête le refrain de « El mulato » (le mulâtre) du groupe uruguayen Los Olimareños.

À Noël, on décorait un sapin du quartier avec eux. Au mois d'avril-mai, ils organisaient un grand nettoyage de printemps. Pour nous récompenser, ils nous invitaient à un barbecue.

J'étais à l'aise avec cet homme et cette femme car ils ne me jugeaient pas.

J'ai rarement vu des gens aussi soucieux du bien commun. Ils donnaient beaucoup de leur temps libre au quartier. Ils voulaient agir pour améliorer la vie des habitants.

Pour accéder à l'arrêt de bus, on devait gravir une petite colline, glissante les jours de pluie. Monsieur Zamorano a pris l'initiative d'installer des petites marches. C'était tout lui, ça !

Ils s'occupaient beaucoup des jeunes. On avait l'impression d'être compris quand on parlait avec eux. Ils étaient de notre côté.

Agir pour prendre son destin en main

En 2004, un grand programme de rénovation des quartiers a été lancé, avec la création de l'Agence pour la rénovation urbaine (ANRU). La Croix-Petit comptait parmi les premiers bénéficiaires. J'étais alors au lycée. Nos immeubles devaient être détruits. En attendant, lorsque quelqu'un déménageait, on murait son appartement.

Cette grande opération s'est faite sans réelle concertation avec les habitants. Ce qui a créé une grande frustration.

Puis surviennent les événements de 2005-2007. Deux jeunes, Zyed et Bouna, après avoir été poursuivis par des officiers de police, meurent dans un transformateur électrique, à Clichy-sous-Bois. Le 93 s'embrase. C'est le début d'une grande vague de contestation dans les quartiers.

À la Croix-Petit, ça devient très chaud aussi. Tout pouvait basculer et nous ressentions de l'injustice au quotidien.

Un jour, un officier de police tire sur un jeune, Amir. Il est touché à l'épaule. Sa vie est en danger. Tout s'embrase alors. Je me dis qu'il faut proposer une autre solution. On doit montrer qu'on est capables de construire d'une manière différente. On doit être des acteurs du changement. Pas de simples spectateurs.

Il faut impérativement trouver des idées d'actions concrètes. On ne doit pas en rester aux paroles.

Avec quelques amis, Sanaa, Nadir, Soufian, Paali, Maximo, Salim, Aissetou, Marwa, Youssouf et d'autres, on décide de créer une association.

On lui donne un nom : Agir Pour Réussir. J'arpente la Croix-Petit à la rencontre des habitants pour leur expliquer notre projet. À l'époque, il n'y a pas de contacts entre la mairie et notre quartier. Je demande un rendez-vous à l'adjoint à la Jeunesse et aux Sports. Il s'appelle Joël Motyl. Il est mort en 2019. Cela restera comme l'une des plus belles rencontres de ma vie. Au début, notre contact est un peu rugueux. Mais je vois qu'il m'écoute. Il comprend ce que nous éprouvons. On a de vraies discussions de fond ensemble. On se lie d'amitié. Il m'encourage dans ma démarche.

Il me donne son numéro de portable et me dit que je peux l'appeler à tout moment du jour et de la nuit. Un soir, alors que l'association a organisé un barbecue pour les gens du quartier, la police arrive. Je l'appelle. Il rapplique aussitôt et s'interpose entre les policiers et nous. D'un coup, il gagne le respect de la population. Et moi, je montre ma crédibilité auprès de celle-ci. Certaines personnes disaient que je voulais « vendre » le quartier et que j'étais manipulé par les élus de la ville. Ce soir-là, les plus critiques rangent leur langue dans leur bouche. Moi, je suis soulagé. Je tiens là la preuve que nous avons une chance d'y arriver. Qu'on peut être crédibles auprès de nos interlocuteurs. Inspirer confiance. Cette confiance qui nous manque. Sans Joël Motyl, l'association n'aurait pas eu l'impact qu'elle a encore.

Avoir une association, ça donne un statut. On peut se poser en interlocuteurs auprès des autorités. On commence par s'occuper du terrain de foot. Puis on demande à pouvoir gérer certains créneaux horaires du gymnase des Chênes. La décision est soumise à un vote au conseil municipal. Quelques élus sont contre. Mais Joël Motyl, avec le maire de l'époque Dominique Lefebvre, met tout son poids dans la balance. Et on obtient les clés. Victoire ! AGPR a la gestion de cet équipement sportif. Mais l'association s'est beaucoup développée. Elle organise des événements intergénérationnels et citoyens qui rassemblent. Elle forme les jeunes à trouver un stage ou un travail, accompagne les personnes en insertion professionnelle ou en difficulté avec leur logement.

L'objectif est toujours le même : tisser des liens. Sortir les gens de leur assignation à résidence. Le combat pour désenclaver les quartiers est loin d'être gagné. Les événements survenus durant l'été 2023 après la mort du jeune Nahel, à Nanterre, nous le rappellent. Il faut redoubler d'efforts pour imposer la mixité sociale et briser l'entre-soi.

La solution ne viendra pas d'en haut. Elle se construit sur le terrain avec les acteurs engagés. C'est dans cet état d'esprit que j'ai réuni nombre d'entre eux, début juillet. Nous devons faire émerger une force collective capable d'agir. Ensemble, nous pourrons apporter des réponses.

Paroles de Déterminés
Pierre Levinet, Levin&Co*

« Mon histoire est atypique. Je suis né dans l'entrepreneuriat sans le savoir : j'appelle ça la débrouillardise. Depuis que je suis petit, j'ai envie de créer. Je suis né au Congo-Brazzaville d'un père franco-congolais et d'une mère congolaise. Nous avons connu deux guerres civiles. Lors de la seconde, en 1997, nous avons quitté le pays pour la Côte d'Ivoire. On a fait un aller-retour en France où j'ai fait mon CE2 avant de nous y installer à partir de mon CM2. J'ai grandi à Paris, dans le XVIIe arrondissement, à la porte d'Asnières. J'étais en échec scolaire. J'ai arrêté l'école à seize ans. Les métiers manuels m'ont toujours intéressé. Un de mes oncles travaille dans le secteur automobile.

J'ai été réorienté par le CIO vers le CIPPA (Cycle d'insertion professionnelle par alternance). Qui m'a permis de m'inscrire dans un lycée professionnel en CAP vendeur-magasinier en pièces de rechange et équipements automobiles que je n'ai pas terminé. Suite à cela j'ai changé de filière en cours d'année et j'ai été envoyé en BEP. Mais j'avais des problèmes de comportement.

Je suis alors entré dans la vie active. J'ai fait des petits boulots. Grâce à un programme d'échange franco-canadien dans l'entrepreneuriat, qui se nomme la Passerelle, j'ai pu faire un stage de deux semaines au Canada. À mon retour, un ancien élu parisien (Cédric Dawny) m'a fait rencontrer Moussa Camara.

Plus tard j'ai postulé à la promotion 10. J'avais bien préparé mon oral devant le jury. Le jour J, après m'être garé, je me rends compte que j'ai oublié mon ordinateur avec toute ma présentation sur Powerpoint ! Il a fallu que je me débrouille à l'oral. Mon projet initial était de créer un garage au Congo-Brazzaville.

J'ai changé de cap pendant la formation des Déterminés. Un matin, la première semaine, une amie dans ma promo a eu un accident. Elle ne savait pas comment faire réparer sa voiture sans que ça lui coûte une fortune. En quelques jours, je lui ai réglé son problème. Quand on me met sur le terrain, au pied du mur, je me surpasse. Les Déterminés ont senti ça.

À la fin de la session, je lance ma boîte, qui s'appelle Levin&Co avant de prendre le nom d'Automicile. J'ai connu des couacs. Je suis en train de revoir mon business model et de le réorienter vers le B to B. Je suis confiant. Cette confiance me vient des épreuves de la vie. J'ai vécu deux guerres civiles et je suis encore en vie. Il y a deux devises qui m'inspirent : "Tout vient à point à qui sait attendre" et une autre, du rappeur Dosseh : "Ils n'prennent pas d'risques car ils n'ont pas d'ambition, faut viser le milliard pour espérer l'million[1]." »

(*) Levin&Co met en relation les particuliers et les professionnels de mécanique automobile. E-mail : pierre.levinet79@gmail.com

1. In *Orlins*, Dosseh feat. Ppros & McKoy, 2015.

La confiance se gagne et... se perd

J'étais un enfant hyperactif. Je ne tenais pas en place. Comme s'il y avait trop d'énergie en moi. Ça pouvait m'attirer des problèmes. Dans notre immeuble, juste en face de chez mes parents, il y avait une ludothèque. Ils organisaient souvent des sorties : au Parc Astérix, à la plage sur la côte normande... Mes frères et moi nous y inscrivions. Nous étions les premiers car c'était sur notre palier.

Mais à chaque fois, on ne me prenait pas. Motif : j'étais trop turbulent. Les responsables de la ludothèque avaient trop peur que je perturbe le groupe lors de l'excursion. Je leur ai demandé de m'emmener au moins une fois avec eux, pour voir, pour essayer. Mais ils refusaient. Ils ne me voyaient pas comme un garçon responsable. Alors je restais seul à la Croix-Petit. Et, le soir, je voyais mes copains revenir avec des étoiles plein les yeux de leur expédition à la mer.

À partir du moment où on m'a fait confiance, ma vie a changé. J'ai eu à cœur de prouver que je pouvais être à la hauteur de cette confiance. C'était une obligation vis-à-vis de moi-même et surtout des autres. Je ne voulais pas que les gens regrettent d'avoir cru en moi. C'était le seul moyen pour moi de ne plus rester sur le bord de la route.

Avec le temps, j'ai compris que la confiance n'est jamais acquise. Il faut la conquérir. Cela demande des efforts. Si on ne va pas vers les autres, ils ne viennent pas à nous spontanément. Il faut leur montrer notre bonne volonté. On se prend des murs parfois. Ce n'est pas grave.

La confiance demande du temps. Et quand on l'obtient, il ne faut pas la lâcher. Ne pas décevoir ceux qui m'ont aidé : c'est mon obsession. Ça met la pression, mais ça donne un cap.

Les Émeutes citoyennes

Avec notre association Agir Pour Réussir, on a franchi une première étape. Faire ouvrir des équipements sportifs pour la population, c'est bien, mais ce n'est pas suffisant. On doit aller plus loin.

Je suis convaincu que si les gens comme nous ne s'impliquent pas plus dans la vie de la cité, on n'obtiendra rien d'important.

Or, de quelle arme pacifique disposent les citoyens dans une démocratie comme la France ? Le vote.

Dans des quartiers comme le mien, on ne participe plus aux élections depuis longtemps. Le 21 avril 2002, ça a été un choc pour nous tous de voir le visage de Le Pen apparaître en finale de l'élection présidentielle. Il y a eu de grandes manifestations contre l'extrême droite. On a cru qu'on avait résolu le problème. Et puis, tout le monde s'est assoupi.

En 2008, l'idée nous vient de lancer les Émeutes citoyennes. Plutôt que de mettre le feu aux voitures, pesons de tout notre poids dans les urnes. Quand on joue collectif, on obtient quelque chose.

Arrêtons d'attendre que l'on vienne nous chercher ! Squattons les bureaux de vote !

On a commencé par organiser des réunions de sensibilisation.

Aux municipales de 2008, on a fait le tour des quartiers de Cergy pour aller chercher les jeunes. On les a traînés jusqu'aux bureaux de vote.

Il ne faut pas relâcher cet effort car l'abstention

ne cesse d'augmenter. Comme si nous n'avions pas conscience de notre pouvoir de citoyens.

Engagez-vous !

Sans mon engagement associatif, je ne serais peut-être pas là où j'en suis aujourd'hui. J'ai beaucoup plus appris de la vie associative que de l'école : organiser un projet, gérer une équipe, communiquer… On découvre là le sens des responsabilités.

Dans les associations, on est confronté à toutes sortes de parcours de vie. On découvre des réalités éloignées de la nôtre. On se frotte à l'humain, avec ses grandeurs et ses petitesses. Il faut tout prendre en bloc. Si on ne s'intéresse pas à l'humain, ça ne marche pas.

C'est la vie associative qui m'a fait prendre conscience de certaines difficultés. Je pense que c'est une bonne chose d'avoir un engagement associatif dès le plus jeune âge. C'est un premier pas dans la vie active. Plus tard, ça peut même être un atout sur un CV.

Quand je recrute une personne aux Déterminés, je suis très attentif à cet aspect-là dans le parcours des candidats. S'ils ont eu une expérience associative, je me dis qu'ils auront un peu plus les pieds sur terre. En tout cas, ils ont plus de chances d'être conscients de la complexité de la vie.

Pour toutes ces raisons, j'ai envie de dire aux jeunes qui me liront : ENGAGEZ-VOUS !

Paroles de Déterminés
Claudio Pereira, Cœur de Logement*

« Un soir, en rentrant d'un rendez-vous avec un client que j'aidais à constituer un dossier en vue de l'acquisition d'un logement, j'écoutais BFM Business. Un certain Moussa Camara était interviewé. Il venait de recevoir un prix. Ce qu'il a dit de son association, sa hargne m'ont mis en mode vibration ! À ce moment-là, je travaillais comme indépendant pour un constructeur de maisons individuelles. Auparavant, j'avais passé un CAP peinture et un BP décoration puis enseigné cinq ans dans un lycée professionnel. Ce qui m'intéressait, c'était d'aider les gens qui n'en avaient pas les moyens financiers à devenir propriétaires de leur logement. Le parc social n'est pas du tout suffisant pour répondre à l'énorme demande dans notre pays : deux millions de personnes attendent un toit !

Rentré chez moi, j'ai tapé "Les Déterminés" dans mon moteur de recherche. J'ai senti que c'était l'endroit où il fallait que je sois. J'ai candidaté et j'ai été sélectionné dans la promo 8.

La formation des Déterminés m'a apporté beaucoup plus que le savoir entrepreneurial. Grâce à elle, j'ai compris ce qui m'animait, mon moteur dans la vie : traiter les problématiques d'injustice. On vante toujours les mêmes modèles de réussite dans le sport. Pourquoi n'y en aurait-il pas dans l'accès à la propriété ? J'ai vécu une partie de mon adolescence dans des logements sociaux au Portugal et je sais que devenir propriétaire est un bel objectif dans la vie.

Je me suis donc consacré aux locataires du parc social. Mon entreprise, Cœur de Logement, les aide à bâtir leur projet immobilier, aux plans financier et administratif. Nous les conseillons notamment dans la gestion de leurs finances pour qu'ils puissent mettre de l'argent de côté. Chaque mois, nous les contactons afin de savoir s'ils ont réussi à épargner. Une fois le projet éligible, on s'assure de ne pas dépasser les 27 % d'endettement. À ce jour, nous avons accompagné 1 300 personnes en Île-de-France. 130 projets de construction sont en cours.

Des maires de toute la France nous ont approchés pour qu'on travaille avec eux. Nous avons remporté un prix sur BFM dans le domaine de la RSE (responsabilité sociale des entreprises).

À côté de Cœur de Logement, j'ai créé Kalpina, une start-up experte dans le domaine de la construction de maisons individuelles. Nous avons élargi notre clientèle aux cadres supérieurs.

Cinq ans après avoir fait la formation des Déterminés, je sais que mon projet entrepreneurial doit changer d'échelle. Je dois faire les bons choix parmi les investisseurs intéressés par mon business model. La levée de fonds me fait peur. Mais je sais que j'ai trouvé ma voie. Même les coups durs de la vie ne m'en détourneront pas. Je suis plus que jamais déterminé. »

(*) Cœur de Logement est le premier accélérateur pour l'accès à la propriété. E-mail : ridreux@gmail.com

La détermination, c'est quoi ?

1. La première chose que l'on dit aux gens qui veulent candidater aux Déterminés, c'est : « Ça va être dur. »
2. Soyez prêt à d'énormes sacrifices.
3. Assurez-vous que vous êtes suffisamment bien entouré pour aller au combat.
4. Soyez vous-même. Sinon vous ne pourrez pas donner le meilleur de votre personnalité.
5. Ayez confiance en vous. Ne comptez pas sur les autres pour vous donner cette confiance.
6. Ayez beaucoup d'assurance. Arrêtez de vous demander si vous êtes légitime, sinon vos interlocuteurs le sentiront et douteront de vous.
7. Travaillez. On ne construit pas sur du vent.
8. Le fond de votre projet doit être aussi solide que la forme.
9. Observez. Le plus important, vous ne l'apprendrez pas dans les cours, mais sur le terrain. Au contact des gens. En les regardant vivre.

Le marathon

La vie d'un entrepreneur ressemble à un marathon. Au départ, ça coince. Au bout d'un ou deux kilomètres, tu commences à te sentir mieux. À la moitié du parcours, tu te poses des questions. Après, tu peux courir sans t'arrêter.

La course, c'est ma drogue. Ça me dégage de l'énergie. Je cours presque tous les jours. Qu'il pleuve, qu'il neige ou qu'il vente. C'est impossible pour moi de ne pas courir. Quand une journée est bien remplie, il m'arrive d'enfiler mon survêtement tard le soir et d'aller suer.

Au moment où je vous parle, j'ai parcouru 7 287 kilomètres depuis 2014, selon mon application de running.

Je n'écoute pas de musique. Pendant mon footing, j'ai besoin d'être concentré sur ma respiration. C'est en courant que les idées me viennent.

Je rêve de courir le marathon de Paris en 2024, ce sera mon premier. Mais je ne suis pas encore suffisamment prêt. Mon objectif est de le faire en moins de trois heures trente. Quatre ou cinq heures, ça ne m'intéresse pas. Je suis un compétiteur.

Comme l'a dit un sportif : « Un footing change ta journée, un marathon change ta vie. »

Campagnes et banlieues, même combat !

Si je me suis engagé, c'est pour retisser les liens, rassembler les personnes de bonne volonté.

C'est pour cette raison que j'ai voulu que le programme des Déterminés s'adresse aussi bien aux entrepreneurs des quartiers prioritaires qu'à ceux des zones rurales.

À vrai dire, cela n'a pas été un objectif de départ. Cela s'est fait naturellement. Quand on a lancé les premières promotions en province, nous avons eu des candidatures de gens qui vivaient loin de la ville.

Il suffit de sortir de l'Île-de-France pour se rendre compte que les mêmes inégalités et les mêmes barrières existent sur tout le territoire.

Dans la France rurale aussi, la mobilité sociale est entravée. Là aussi, des tas de gens se disent que leur situation géographique, ou la couleur de leur peau, ne devrait pas être un obstacle à leur réussite.

Or, l'objectif des Déterminés est de combattre le déterminisme social, quel qu'il soit et où qu'il soit. C'est d'être là où il y a des besoins.

Tous ceux qui ont envie de changer leur trajectoire et leur destin sont des Déterminés.

Passe ton permis d'abord !

À partir de seize, dix-sept ans, je n'ai eu qu'une idée en tête : passer mon permis de conduire. Je le savais : ce papier rose me permettrait de m'échapper. De ne plus dépendre des trains et des RER.

J'ai mis de l'argent de côté et ma mère m'a beaucoup aidé. J'ai obtenu le code à dix-sept ans et la conduite à dix-neuf.

Que l'on habite dans la banlieue d'une grande ville ou dans un village reculé à la campagne, sans moyen autonome de se déplacer, on est bloqué dans son univers.

Je me trouvais dans la périphérie de Marseille il y a quelque temps. Pour se rendre sur le Vieux Port, en transports en commun, les habitants mettent le même temps que pour aller à Bordeaux. Je n'exagère pas : je ne suis pas marseillais ! C'est la réalité des Français qui vivent dans des territoires enclavés, mal desservis, et qui n'ont ni voiture ni moto.

Quand on postule aux Déterminés, ou que l'on veut trouver un job, c'est un plus d'avoir son permis. Nous incitons tous les gens qui veulent bénéficier de nos programmes à le passer.

La mobilité, c'est un enjeu fort. Quand les réseaux de transport manquent ou sont défectueux, les freins à l'émancipation sont coincés.

Si loin, si proches

En sillonnant la France, j'ai rencontré des centaines de gens, qui n'avaient pas grandi dans une cité HLM de la banlieue parisienne, mais qui vivaient la même vie que moi.

Lorsque nous avons lancé Les Déterminés dans le Grand Est, notre première échappée hors de la région Île-de-France, j'ai été confronté à des personnes très éloignées de moi sur le papier. Il y avait des débats intenses. Toutes les opinions s'exprimaient, même celles des extrêmes. Les idées des autres ne me font pas peur. Notre association veille à être totalement neutre au plan politique. Du moment que les gens sont engagés et qu'ils ne nuisent pas aux autres, ils pensent ce qu'ils veulent. Libre à eux. Il faut être lucide : les a priori sont dans tous les camps.

À ce moment-là, j'ai rencontré Aurore Bigerel, à Nancy. Cette jeune femme venait d'un village de la région : Cirey-sur-Vezouze. Elle était découragée par le monde du travail. Elle manquait surtout de confiance en elle.

Nous avons longuement discuté. « Je ne sais même pas parler », m'a-t-elle dit. L'équipe des Déterminés l'a entourée et valorisée.

Elle a trouvé la force de créer une entreprise

de conciergerie rurale, Voilà c'est fée. C'est l'une des plus belles réussites de sa promotion.

Quand je la vois ou que je lui parle au téléphone, je suis tellement heureux de la voir si métamorphosée.

Elle incarne bien le projet des Déterminés. C'est bien plus qu'un projet entrepreneurial. Nous aidons les gens à écrire leur histoire de vie.

Paroles de Déterminés
Aurore Bigerel, Voilà c'est fée*

« J'estime que j'ai eu beaucoup de chance d'entendre parler des Déterminés. J'étais déçue par le salariat. Je venais de quitter mon emploi. Je me disais que si j'avais ma propre société, les choses iraient mieux. Mais voilà, je n'avais personne à qui parler de mon projet. Pôle emploi n'était pas le lieu pour ça.

Les Déterminés recrutaient des candidats pour leur première promotion à Nancy. Je les ai rencontrés. Immédiatement, je me suis sentie écoutée. Pourtant, à l'origine, cette association était née en banlieue parisienne. Moi, j'ai grandi dans la banlieue de Mulhouse.

Quand on vit à la périphérie, on a les mêmes préoccupations et les mêmes difficultés. Il faut savoir résister aux mauvaises influences.

Je suis une gosse d'ouvriers. Mon père est devenu boucher. Ma mère, après avoir vendu de la charcuterie, a conduit des bus touristiques. Il n'y a pas d'entrepreneurs dans ma famille.

Moi, je me suis trouvée dans cette voie-là. Je lutte contre la vie monotone. Ma première intention était d'ouvrir un café-épicerie de village. Juste avant la formation des Déterminés, j'ai eu l'idée d'une entreprise multiservice, qui proposerait aussi bien du ménage, du débarrassage de maison, du dépannage... Une sorte de conciergerie domestique. Le 1er novembre 2017 est né Voilà c'est fée. Je travaille avec mon mari. Nous avons trois enfants. Pour rien au monde je ne renoncerais à cette vie de chef d'entreprise. Bien sûr c'est très stressant. Surtout pour les gens comme moi, qui ne connaissent rien à la comptabilité ou à l'administration quand ils se lancent. Mais c'est tellement satisfaisant d'être son propre patron. »

(*) Voilà c'est fée propose tous types de services : débarras, accompagnement beauté, dépannage cuisine... E-mail : voila.c.fee@gmail.com

Rêve de maçon

Lorsque j'étais privé de sortie avec la ludothèque, je me retrouvais seul. J'errais. Je faisais les cent pas en pensant, les poings serrés, à l'excursion que j'étais en train de manquer.

Un jour, j'ai levé le nez un peu plus haut que d'habitude. Les immeubles du quartier étaient en pleine rénovation. Un maçon est descendu de son échafaudage. Il a engagé la conversation avec moi. « Tiens, un adulte qui s'intéresse à moi », ai-je songé. Je lui ai posé des questions. Il m'a expliqué son métier. Voyant que j'étais curieux, il m'a montré comment on posait des briques. Et, joignant le geste à la parole, il m'a tendu sa truelle. « Vas-y, essaie ! » m'a-t-il dit. Je n'osais pas. Il m'a encouragé. Alors j'ai commencé à étaler le ciment. Puis j'ai monté un bout de mur.

À partir de ce moment-là, j'ai voulu faire de la maçonnerie. « Ce sera mon métier », ai-je répété à mes copains. Ils rigolaient. Ils ne comprenaient pas comment une pareille idée avait pu germer dans ma tête. Moi, je le savais. C'était grâce à cet homme qui avait pris du temps pour moi.

Tous mes potes voulaient être astronautes ou journalistes. Moi, j'étais plus terre à terre. Mon rêve était accessible. Prendre une pelle, du ciment, une brique, c'est un geste simple mais qui peut apporter beaucoup. Avec ça, je serais capable de construire ma maison. Car sans maçons, il n'y aurait pas de maisons. C'est un métier utile.

Je ne suis pas devenu maçon, mais j'ai l'impression d'être un maçon à ma manière : je construis des ponts et je crée des passerelles entre les gens. J'ai exaucé mon rêve de gamin, d'une certaine manière.

La bonne orientation

Quand on n'a pas les bonnes informations, c'est difficile de trouver sa voie dans le système éducatif. Il y a plein de possibilités, mais souvent on les ignore. C'est le brouillard dans la tête.

J'ai eu la chance de rencontrer deux femmes fantastiques au CIO de Cergy-Pontoise, toutes deux passionnées par les jeunes. Là-bas, ils venaient en aide aux élèves en décrochage comme moi.

À partir de la 4e, madame Nonque m'a suivi. Elle s'est battue à mes côtés pour trouver un nouveau collège plus adapté à mon profil.

Ensuite, j'ai été pris en main par madame Lacroix. Toutes les deux ne m'ont pas lâché, même après mon BEP.

Ces conseillères d'orientation m'ont mis sur le bon chemin.

J'étais déterminé. Mais sans ces personnes déterminantes, je me serais peut-être perdu.

Pour en finir avec les voies de garage

Si on me demandait une idée pour améliorer l'orientation des jeunes, je répondrais : faites-leur découvrir le monde du travail le plus tôt possible. Le stage de 3e, c'est bien. Mais ce n'est pas suffisant. Si tu n'as pas le réseau, ton premier contact avec le travail est biaisé. Il faudrait que, dès le collège, les élèves soient en contact avec les entreprises. Il faut en finir avec les idées reçues : un patron, ce n'est pas le diable !

Dès le plus jeune âge, on doit pouvoir se faire une idée de tous les métiers que l'on pourrait exercer plus tard. Je dis bien « tous ».

Aujourd'hui encore, on valorise une seule voie royale : celle qui mène au bac général et à des études supérieures dans des grandes écoles ou à l'université. On devrait pouvoir faire des allers-retours entre les parcours scolaires et professionnels. Aujourd'hui, lorsqu'on sort du système scolaire, on n'y revient plus.

J'ai été élève dans un lycée professionnel. À aucun moment on ne m'a présenté cette alternative comme une filière d'excellence. Alors que le niveau d'employabilité de ceux qui en sortent est très élevé dans certaines filières.

Nous devons absolument changer le regard sur l'enseignement technique. Sinon on va continuer à produire un énorme gâchis humain. C'est l'idée que je défends au sein du groupe de travail « Métiers et compétences » qui a été créé par le ministre de l'Économie, Bruno Le Maire, dans le cadre de la future loi sur l'industrie verte. Il faudra former des milliers de jeunes aux métiers industriels. Cela doit devenir un objectif national en matière d'emploi.

Tu n'as qu'à devenir footballeur !

Quels modèles propose-t-on aux jeunes ? On doit se poser la question. Certains pensent que la seule voie d'excellence possible pour un mec comme moi, ayant grandi dans un quartier prioritaire d'une banlieue, c'est le sport ou la télévision.

Zidane ou Jamel Debbouze.

Autant dire que la probabilité de réussite pour devenir l'un ou l'autre est très faible !

C'est pour en finir avec ce cliché tenace que j'ai créé Les Déterminés.

Pourquoi n'y aurait-il pas aussi des entrepreneurs dans ces quartiers ?

La barrière n'est pas moins haute à sauter quand on lance son entreprise. Mais c'est aussi gratifiant.

J'aimerais bien qu'un jour on glorifie autant le patron d'une licorne que les stars du ballon rond.

Mais pas seulement. On devrait davantage mettre en avant les réussites éducatives, culturelles et professionnelles. Il faut en finir avec l'idée qu'il n'existe qu'une seule voie pour réussir. Ma mission, c'est de créer de nouveaux rôles modèles dans tous les domaines.

Paroles de Déterminés
Amadou Dabitao, Banlieusard Nouveau*

« Je suis arrivé en France lorsque j'avais quatre ans. J'ai grandi à Gennevilliers, dans les Hauts-de-Seine. Ma mère m'a pas mal suivi pour les débuts de ma scolarité.

Très tôt, je me suis passionné pour les matières scientifiques et l'informatique. Quand je jouais à un jeu vidéo, je cherchais à comprendre comment il avait été conçu.

J'étais un petit geek, mais je me suis vite rendu compte qu'il n'y avait pas beaucoup de gens de ma condition dans ce milieu. Je voulais pourtant devenir développeur. Je me suis donc dirigé vers un bac STMG avec une option Gestion des systèmes d'information. J'ai ensuite obtenu un BTS. Puis j'ai voulu faire une école d'ingénieurs mais je n'ai pas trouvé d'alternance. Cette école m'a orienté vers une formation initiale, puis suite à cette formation je suis entré en master en alternance. Après mon master 2, j'ai décroché mon premier CDI de développeur web.

À la naissance de ma fille, je me suis posé beaucoup de questions. Je me demandais comment aider les jeunes de ma cité d'origine. Je les trouvais découragés, sans rêves.

Je me suis alors souvenu d'une interview de Moussa Camara que j'avais lue lorsque j'étais étudiant. À ce moment-là, je m'interrogeais sur ma légitimité dans la tech. J'étais le seul à venir des quartiers.

J'ai relu les propos de Moussa. Cela m'a donné un coup de boost. En plus, il est d'origine malienne, comme moi, je pouvais m'identifier à lui.

Je me suis dit que les jeunes avaient besoin de nouveaux rôles modèles. Des gens qui réalisent des choses qu'eux jugent impossibles. Plus on leur montrera d'exemples, plus ils se convaincront que c'est possible. Il faut leur répéter pour que ça rentre dans leur tête.

J'ai eu l'idée d'un média : Banlieusard Nouveau. Sur Instagram, j'ai commencé à poster des vidéos qui donnent la parole à des gens originaires des quartiers modestes ayant des parcours inspirants.

J'ai contacté Moussa Camara sur son compte Instagram pour l'interviewer. Il m'a répondu illico. C'est ce qui a été le premier point de contact entre nous. Quelques mois après, Banlieusard Nouveau prenait du poids, mais je n'avais pas de business model, alors j'ai relancé Moussa car j'hésitais à quitter mon CDI et postuler pour Les Déterminés.

Vingt-quatre heures avant la clôture des inscriptions, j'ai déposé mon dossier aux Déterminés. J'ai été sélectionné dans la promotion nationale 2021. Cela a été la chance de ma vie.

La formation m'a aidé à y voir plus clair dans mon projet et à me construire une vision plus grande que je ne l'imaginais. Dans cette association, j'ai surtout rencontré des hommes et des femmes avec des valeurs et un mental.

Mon entreprise grandit petit à petit. J'ai développé

une triple activité de média, d'agence et d'association. J'ai recruté trois alternants, et deux services civiques travaillent à nos côtés. Tout en continuant à alimenter notre compte Instagram, qui est suivi par 13 000 abonnés, nous produisons des contenus marketing et sensibilisons les jeunes aux fake news.

Banlieusard Nouveau va continuer à propager un message d'espoir. Si nous aidons de plus en plus de gens à prendre confiance en eux, nous aurons réussi notre pari. »

(*) Banlieusard Nouveau est un média qui vise à faire la promotion de la réussite dans les quartiers. Compte Instagram : @banlieusard_nouveau

La culture est faite pour nous

« Ce métier-là n'est pas fait pour des gens comme nous », « ce monde-là ne voudra pas de moi »... Combien de fois j'ai entendu ces phrases de résignation ! À chaque fois, je réponds à ceux qui les prononcent devant moi : « Qui t'a dit ça ? » Cette impression est bien souvent dans la tête. Il faut l'en sortir.

Avec Les Déterminés, nous luttons contre cette autocensure. Comment ? En ouvrant les portes des univers professionnels attractifs qui semblent inaccessibles à ceux qui en sont éloignés.

Par exemple, nous avons créé un événement avec le club We are, à Paris, autour des industries culturelles et créatives. Huit cents personnes y ont participé. Nous avons mis en relation des acteurs de ce monde-là, public et privé, avec des talents de dix-huit à trente ans qui aspirent à y faire carrière. Toutes les disciplines étaient représentées : cinéma, musique, spectacle vivant, mode, textile, tech, jeux vidéo...

Les créateurs sont aussi des entrepreneurs. Ils ont une double dimension : ils sont à la fois sensibles et très pragmatiques. Ce sont des modèles intéressants de réalisation de soi.

Je crois beaucoup aux industries culturelles et créatives, non seulement comme source d'épanouissement professionnel pour de nombreux jeunes, mais aussi comme moyen de développer une société plus inclusive.

La culture a le pouvoir de créer des imaginaires et des références collectifs. La demande de contenus innovants et fédérateurs, qui réconcilient les publics et les générations, est gigantesque.

Pour une association comme Les Déterminés, dont l'objectif est d'aider les individus à s'émanciper, la culture est une voie d'avenir.

Jeter des ponts

Quand je dis que, d'une certaine façon, j'ai réalisé mon rêve de devenir maçon, ce n'est pas une image. Je conçois vraiment mon rôle comme celui d'un bâtisseur de ponts et de passerelles.

Notre société est fracturée.

Des trous gigantesques se sont creusés entre ses différentes composantes. Si on ne parvient pas à les relier entre elles, on va au-devant de plus graves problèmes encore.

Ces fractures entravent la mobilité et brisent l'espoir.

Le plus important est que la France des décideurs renoue le contact avec la jeunesse, les quartiers et les zones rurales éloignées des métropoles.

Moi, je fais le messager entre tous ces Français.

Comme ils ont perdu l'habitude de se parler, c'est compliqué parfois. Je dois aussi me faire traducteur !

L'objectif des Déterminés, c'est de reconnecter.

Cette mission passe par un gros travail de pédagogie. Il faut faire tomber les barrières et les a priori.

Les Déterminés occupent aujourd'hui un positionnement central. Nous pouvons répondre à un chef d'entreprise qui nous explique ses problèmes de recrutement. Mais nous sommes aussi en mesure d'aiguiller un jeune qui ne trouve pas de travail. Notre mission ne concerne plus seulement l'entrepreneuriat. C'est un projet sociétal global.

Nous avons créé des formations dans ce sens et noué des partenariats. Les entreprises aimeraient diversifier leurs recrutements mais ne savent pas à qui s'adresser.

Ce que nous avons fait dans l'hôtellerie, la restauration, l'industrie et la tech me paraît exemplaire.

Certaines entreprises devaient recruter du personnel. Nous avons sourcé pour elles de bons profils. Des personnes qui n'auraient même pas songé frapper à leur porte. Qui pensaient que c'était des entreprises « trop bien » pour elles.

Quand j'étais adolescent, je n'ai même pas osé candidater au McDo de Cergy. On vient de loin ! Si une structure comme celle des Déterminés avait existé à l'époque, j'aurais sans doute tenté ma chance.

Certains de nos candidats avaient besoin d'être remis sur le chemin de l'employabilité. On les a formés pendant trois-quatre mois pour leur permettre de s'adapter à leur nouvel environnement professionnel.

Entre les jeunes que l'on pousse et nous, il y a un pacte moral. Dès le début, on se tape dans la main. S'ils ne s'engagent pas à fond, on arrête tout. On insiste beaucoup sur la discipline, la ponctualité et la rigueur.

En même temps, on intervient auprès des collaborateurs de l'entreprise avec laquelle on travaille. Eux aussi doivent évoluer, adapter leur comportement.

La première année, la chaîne d'hôtels Hyatt a

pris trente jeunes que nous leur avons présentés. Il faut les voir aujourd'hui ! Ils ont gagné confiance en eux. Leur potentiel s'est révélé.

On ne reverra plus Cyril

C'est un dimanche après-midi, en 2003, à la Croix-Petit. Cyril et Amir, mes copains, ont voulu faire de la moto. Amir revient de son tour. Il me propose la bécane. Je refuse car mon grand frère Aboulei n'aime pas que je touche à ça.

Cyril insiste et me dit en blaguant :

« Tu as peur ? »

Je lui réponds :

« Non, je ne veux pas. » Et je me lance dans une phrase qui résonne étrangement dans ma tête après coup :

« On ne sait pas quand on peut mourir. Ça peut être maintenant. Et j'aimerais mieux que ce soit le plus tard possible. »

Alors Cyril enfourche l'engin. Il démarre en trombe. Dix minutes plus tard, il n'est toujours pas rentré.

Soudain, un ami, Madjaro, accourt vers nous et nous crie :

« Cyril a eu un accident. »

On sprinte aussitôt.

Deux cents mètres plus loin, on découvre le corps de notre ami gisant sur le sol. Du sang coule de sa tête. Il ne portait pas de casque. Les pompiers s'affairent autour de lui. On sent une grande tension.

Une voiture est stationnée en travers de la route. Son conducteur a l'air hébété. C'est un autre voisin de notre quartier. On comprend qu'il a tamponné Cyril sans le faire exprès.

On ne croit pas à ce qu'on voit. Notre Cyril, toujours si joyeux de vivre, est en train de nous quitter.

Les pompiers le conduisent à l'hôpital.

On ne le reverra plus. Il mourra deux jours plus tard. Les médecins n'ont pas réussi à ranimer son beau sourire.

Quel choc pour nous !

Nous nous croyions invincibles. Décidés à bouffer la vie. Le monde nous appartenait.

Ce jour-là, j'ai grandi de dix ans d'un coup. Je

devais prendre mes responsabilités si je ne voulais pas gâcher ma vie. Il me fallait désormais faire les bons choix.

J'ai mis du temps à réaliser que Cyril était mort. Je pensais qu'il reviendrait.

Je pense encore à lui tous les jours.

Positif !

Je fuis les gens trop négatifs. La vie est assez dure comme ça ! J'ai besoin d'énergie pour continuer à construire. J'assume d'avoir un état d'esprit positif. Cela ne veut pas dire que je ferme les yeux sur ce qui ne va pas. Je veux être le meilleur de moi-même. Et une bonne personne pour les autres.

J'aime la vie. Je ne supporte pas d'entendre dans la bouche d'hommes de mon âge : « On a trente-six ans, on devient vieux. » À force de parler de la vieillesse, elle va les cueillir très tôt. Même à soixante ans, on peut refaire sa vie.

Lorsqu'il a pris sa retraite, Jean-Louis Bailleul, qui est bénévole aux Déterminés après avoir fait sa carrière chez BNP Paribas, partenaire de notre association, a réalisé un tour du monde en voilier ! Tout est possible. Arrêtons de nous lamenter.

En ce moment, le fond de l'air est négatif. Il faut résister à ce fatalisme. Ce n'est pas toujours facile.

Je suis devenu positif malgré les difficultés dans lesquelles j'ai grandi. Je n'ai pas tout eu, mais ce que j'avais me suffisait. Mes parents, mes frères et mes sœurs m'ont aimé et soutenu : c'est un privilège. Je n'ai pas manqué d'amis. Ils le sont restés.

Cet entourage m'a permis de me sentir bien, d'avancer en confiance dans l'existence. Cet amour et cette amitié vous aident à relativiser les erreurs que vous pouvez faire.

J'étais par terre. Tout ce que je réalise depuis que je me suis relevé, c'est du bonus.

Les gens du juste milieu

Dans la vie, comme dans l'entrepreneuriat, il faut savoir bien s'entourer. La facilité consiste à se reposer sur les gens qui évoluent dans notre environnement immédiat. C'est ce que j'ai fait au début. Mais ça ne suffit pas. On a besoin, autour de nous, de gens qui ne voient pas les choses de la même manière que nous, et qui ont d'autres parcours de vie.

Si on ne va pas vers eux, il ne se passe rien. Il nous faut vaincre notre appréhension et notre timidité.

Cela ne sert à rien de vouloir ressembler à ceux que l'on veut convaincre. L'authenticité, ça ne trompe pas. On n'a rien à perdre à rester soi-même.

Tous les milieux ont leurs codes. Il faut essayer de les comprendre et ne pas chercher à imposer les nôtres.

C'est la solidité de notre projet personnel qui crée le réseau, et non le contraire. Comme le dit un proverbe, il ne faut pas mettre la charrue avant les bœufs.

Le meilleur réseau partage des valeurs et non des intérêts.

Quand j'ai rencontré Pierre Gattaz, le patron des patrons, rien ne nous rapprochait dans nos vies personnelles. Mais nous nous sommes découvert un même souci du bien commun.

Quand je recrute quelqu'un, je me dis : est-ce que cette personne partage les mêmes valeurs que nous ?

Le fit humain, c'est essentiel à mes yeux. Avant de constituer un réseau, on choisit des hommes et des femmes.

Je conseille aux entrepreneurs de ne pas se lancer seuls. Toutes les décisions ne doivent pas reposer sur les mêmes épaules.

C'est important d'avoir quelqu'un de compétent à côté de soi. Ou, en tout cas, qui a des compétences complémentaires des nôtres. Bien sûr, il peut y avoir des problèmes d'ego. C'est humain. La seule question à se poser dans ce cas-là, c'est : est-ce que cela nuit au projet ? Si ce n'est pas le cas, ça n'a pas d'importance.

Dans mon équipe, j'ai besoin de ce que j'appelle des « gens du juste milieu ». Ce sont des personnes qui me disent toujours la vérité, qu'elle soit agréable ou désagréable. Quand on réussit, on a tendance à les mettre de côté. Parce qu'on a l'impression qu'elles vont nous gâcher notre plaisir. On préfère entendre qu'on est le plus fort et le plus beau. C'est le plus grand danger qui nous guette.

Ce n'est pas très difficile d'arriver. Le plus difficile, c'est de durer. Et pour tenir bon, il faut avoir à ses côtés des hommes et des femmes qui nous remettent sans cesse les pieds sur terre.

Paroles de Déterminés
Ashley Taieb, MY ADDIE*

« Je parle plusieurs langues du fait de mon enfance voyageuse (j'ai vécu à Istanbul, au Brésil, en Australie...), mais je ne maîtrisais pas celle de l'entrepreneuriat. Mon entreprise a longtemps été une intuition. J'ai vécu l'addiction sous toutes ses formes, y compris les plus dures.

Mon expérience m'a convaincue qu'il y avait quelque chose à créer, sur le digital, pour non pas traiter l'addiction, mais travailler sur la pulsion. C'est cette obsession mentale, cette vague dans le corps qui nous pousse vers des comportements qui peuvent devenir addictifs. Nourriture, alcool, drogues, achats compulsifs... Nous avons tous des pulsions !

Au début, j'ai bricolé une application dans ma chambre. J'ai compulsé *Le Business pour les nuls*. Je vis un peu en autodidacte. J'ai quitté l'école à dix-sept ans et passé (avec succès) le bac en candidate libre.

Un jour que je travaillais dans un espace de coworking à Montpellier, je suis tombée sur l'équipe des Déterminés. Ils auditionnaient les candidats pour leur "sas". Ils m'ont proposé de me joindre aux autres candidats. Je n'avais rien préparé. J'ai observé les autres et, lorsque mon tour est venu, j'ai présenté mon projet en n'ayant pour appui que ma seule intuition. Jean-Louis Bailleul m'a rappelée pour me dire que j'étais prise.

La formation m'a permis de rencontrer des femmes et des hommes inspirants, qui étaient tous déterminés à faire sortir leur projet de terre, et ce malgré des situations toutes plus compliquées les unes que les autres. Je voulais apprendre, je voulais sortir de ma zone de confort, et surtout, rencontrer des personnes qui partageaient le même état d'esprit. Les Déterminés ont comblé toutes mes attentes.

Un peu plus tard, je me suis inscrite à l'émission de M6 "Qui veut être mon associé ?".

Celle-ci m'a permis de lever 100 000 euros et de faire connaître mon projet. J'ai également fait un TEDx et publié un livre. Après deux ans de R&D, MY ADDIE peut enfin décoller. C'est aujourd'hui une plateforme Web qui propose des programmes thématiques construits avec une psychologue clinicienne spécialiste en thérapies comportementales et cognitives pour apprendre aux gens à gérer leurs pulsions addictives. Notre approche est pluridisciplinaire. Le processus thérapeutique passe par des disciplines telles que l'art-thérapie, la TCC, la sophrologie, la méditation et bien d'autres.

Le fil conducteur de ma vie est l'expérimentation. C'est à mon sens l'une des plus belles façons d'apprendre et d'évoluer. L'entrepreneuriat, c'est l'expérimentation continue, tous les jours on oublie ce que l'on savait hier, et on itère, on avance, on adapte. J'ai connu peu de choses aussi dures, et formatrices à la fois, et je ressens énormément de gratitude envers Les Déterminés, qui m'ont permis de sublimer cette fibre en moi. »

(*) MY ADDIE est une plateforme spécialisée dans la gestion de la pulsion addictive. my-addie.com

Déterminées

On m'a fait remarquer que plus des deux tiers des entrepreneurs accompagnés par Les Déterminés sont des entrepreneuses.

Au départ, le fait que ce soit un homme qui lance le projet a plutôt attiré des candidats masculins.

Mais les femmes sont venues très tôt, naturellement. On les a beaucoup mises en avant car c'est compliqué pour elles de se lancer dans l'entrepreneuriat.

Certaines élèvent seules leurs enfants. D'autres ont un mari, qui occupe un emploi, et peut difficilement les soutenir. Or le programme de formation des Déterminés exige une disponibilité totale.

On voit des femmes extraordinaires venir à nous. Certaines ont vécu des choses douloureuses. Malgré ça, elles trouvent la force de créer leur entreprise.

Ça peut être un salon de thé, une société de cosmétiques, une société dans la tech, une société de transport, ou des projets qui sortent de l'ordinaire. Je pense à Dalila Barhoumi, maman solo de quatre enfants, fondatrice de la marque Peelou, qui a mis au point des pyjamas absorbants pour enfants atteints d'énurésie nocturne. Je pense aussi à Samira Lasmak, une infirmière libérale qui a créé CLOÉ afin d'aider les étudiants étrangers à trouver des garants pour leur logement.

Ces déterminées fourmillent d'idées. Leur résilience force mon admiration.

Plus il y a de femmes déterminées, mieux c'est. On envoie ainsi un signal à celles qui ont envie d'entreprendre mais n'osent pas.

Une étrange rencontre

En 2019, parmi d'autres associations, Les Déterminés ont été sollicités pour faire des interventions en prison devant des détenus en voie de réinsertion.

Je me suis rendu à la maison d'arrêt de Villepinte pour animer un atelier sur l'entrepreneuriat. J'appréhendais un peu. Devant trente détenus, j'ai parlé de mon parcours. Je leur ai expliqué que j'aurais pu être à leur place.

À la fin de la rencontre, un gars s'approche de moi, tout calme.

« Moussa, tu ne te souviens pas de moi ? »

Je scrute son visage et je replonge dans ma mémoire pour voir si je le retrouve. Et soudain, oui, il m'apparaît. Nous étions ensemble au lycée de Sartrouville, en 2002.

Il a pris dix ans pour trafic de drogue.

En le regardant, je me demande ce qui nous sépare, lui et moi. Pourquoi nous n'avons pas pris la même direction dans la vie.

J'étais étonné de le voir ici. Cela m'a rendu triste.

Mais il a finalement décidé de se réinsérer et de reprendre sa vie en main. Il n'est jamais trop tard pour s'en sortir.

Si on ne se bat pas assez fort, la street nous aspire. Elle nous emprisonne dans son atmosphère négative. On finit par croire que tout est plié. Que c'est plus facile de rester dehors, et de se laisser aller.

À force de ne rien faire, on vous fait des propositions. Le plus souvent malhonnêtes.

L'influence de notre environnement est considérable.

Celui qui se lève tôt le matin pour aller travailler a moins de risques de croiser les mauvais génies de la rue.

On a le choix de préférer la rue. Chacun est le décideur de sa vie.

Je ne juge pas les autres.

Mais la street, c'est la facilité.

Elle vampirise.

La mère qui élève seule ses enfants, la rue risque de les lui prendre. C'est pour cela qu'il faut aider ces femmes dans leur mission éducative.

Il faut un peu de vice pour se débrouiller.

La dignité : ne jamais se rabaisser devant les autres.

La loyauté vis-à-vis de ses copains.

La solidarité : quand on a un truc à partager, c'est pour dix.

Il y a du bon dans la street. Moi, c'est là que j'ai appris le système D.

Le quartier, famille élargie

On parle beaucoup des quartiers dans les médias. Le mot fait beaucoup fantasmer.

Comme si c'était une entité homogène. Alors que rien ne ressemble moins à un quartier qu'un autre quartier.

On y croise toutes sortes de gens. Chacun a son histoire, sa culture. Les quartiers ne sont pas les mêmes d'une région à une autre. Dit-on que tous les villages se ressemblent en France ? Non ! Un villageois breton ne ressemble pas à un villageois provençal.

Il faut vivre dans ces quartiers pour savoir ce que c'est vraiment. Pour moi, cela a été une famille.

Tous les parents se connaissaient. Nous étions les enfants de tout le monde. On trouvait à manger partout. Aucune porte ne nous était fermée.

Après chaque naissance, nous faisions une visite de courtoisie. Quand un mariage était célébré, tous les habitants étaient invités. Aux enterrements, nous faisions bloc derrière les proches.

Mon quartier était central. La préfecture, le centre des impôts, la grande gare de Cergy… tout était proche.

Mais il était enclavé de par son architecture.

Pour y accéder, il fallait passer par des parkings et des ponts.

Ça créait une relation particulière avec le monde extérieur. Nous étions à la fois enfermés et près de tout.

On aimait s'évader au centre commercial des Trois Fontaines, à cinq-dix minutes à pied.

Si on voulait aller à la piscine et ensuite manger des frites chez le grec, il nous fallait 10 francs.

C'est comme ça que nous avions eu l'idée de proposer nos services au bailleur et d'effectuer des petits travaux.

La banlieue mais pas que

Je suis un jeune Français né dans la banlieue parisienne. Une fois que j'ai dit ça, je n'ai rien dit. Je ne me résume pas à mon lieu de naissance ou de résidence.

D'ailleurs, je pourrais me revendiquer aussi campagnard et normand. L'été, mes parents m'envoyaient chez mon oncle paternel. Il habitait un petit village dans l'Eure. Celui-ci était constitué d'une demi-douzaine de maisons alignées le long de la route départementale. Dans le pré d'à côté, un troupeau de vaches paissait.

J'ai passé dans ce coin de Normandie des vacances formidables. J'avais l'impression d'être au bled. Les valeurs traditionnelles à la campagne, en Afrique et en France, se ressemblent beaucoup.

Je ne suis pas le porte-parole des banlieues. Je m'adresse à tout le monde. Les Déterminés ont acquis une parfaite compréhension de l'ensemble des problématiques du pays.

Je me dis que si l'on parvient à faire réussir les territoires les plus en difficulté, les quartiers prioritaires comme les zones rurales, c'est toute la France qui y gagnera. On fera ainsi émerger un nouveau modèle français.

Il faut renouer avec la promesse de la République : Liberté, égalité, fraternité. J'ajouterais : réussite sociale.

L'inégalité des chances est encore trop criante. Nous sommes encore, par bien des aspects, un pays d'héritiers, qui, dès la naissance, ont déjà dix temps d'avance sur les autres.

J'aimerais que certains Français n'aient plus un boulet au pied quand ils se présentent sur la ligne de départ.

Mon ambition n'est pas que tout le monde devienne riche, mais que chacun puisse vivre dignement dans notre patrie.

Mon rêve américain

Ce jour-là, je ne savais pas qu'en rendant service je me rendrais autant service. En 2011, des étudiants de l'université de Cergy viennent me voir. Ils connaissent mon engagement associatif dans la ville.

Ils aimeraient faire venir un conférencier des États-Unis pour parler du leadership aux jeunes.

Il leur manque de l'argent pour boucler leur budget.

Ils me demandent de leur rendre un service : « Comme tu connais des gens à la municipalité, tu pourrais pousser notre demande ? »

Je les mets en contact avec l'adjoint aux Relations internationales, qui les reçoit. Il est convaincu par leur projet. La mairie leur accorde une subvention.

Pour me remercier, ils m'invitent quelques mois plus tard à la conférence qu'ils organisent.

L'homme qui prend la parole se nomme Thione Niang. Il est né au Sénégal dans une famille modeste de vingt-neuf enfants. Il a émigré aux États-Unis. Il n'avait pas un sou en poche et ne parlait pas anglais.

Malgré ça, il a réussi à se faire des relations incroyables à Washington.

Nous sommes en 2011, quelques mois avant la réélection de Barack Obama.

Thione Niang est un jeune démocrate. En 2009, il a fondé une organisation, Give1Project, qui repère les jeunes leaders potentiels dans le monde entier et les forme au leadership économique et civique.

Je l'écoute et je suis passionné par ce qu'il raconte. Je me reconnais vraiment en lui. Son histoire résonne avec la mienne. Et son parcours m'inspire.

À la fin de sa prise de parole, nous sommes présentés. Il me pose des questions sur mon engagement. Je lui raconte Agir Pour Réussir, les Émeutes citoyennes. Il y a un bon fit entre nous.

Quelques mois plus tard, il m'écrit pour me dire qu'il m'invite plus de deux mois aux États-Unis. Je me dis : comment va tourner mon entreprise pendant tout ce temps-là !

Welcome Moussa !

En janvier 2012, j'atterris à l'aéroport de Washington. Je ne parle pas un mot d'anglais.

Thione Niang m'attend dans le hall.

Direction la banlieue de Washington. La voiture traverse ce qui m'apparaît comme un décor de cinéma.

Des États-Unis je ne connais que ce que les films m'ont montré. Ceux qui ont nourri mon enfance et mon adolescence : *Maman, j'ai raté l'avion !, Le Flic de Beverly Hills, Rocky*...

À travers la vitre, je reconnais les camions de pompiers. Je vois pour de vrai les gens qui partent au travail avec leur café à la main.

Thione Niang m'a trouvé une famille d'accueil.

Jennifer Douglas me reçoit sur le seuil de son grand pavillon. Elle vit là seule avec sa mère.

J'ai une grande chambre pour moi tout seul.

Au début, la communication est un peu difficile entre nous. Jennifer parle quelques mots de français. Moi, je cherche à me faire comprendre avec mes mains, mes bras et mes yeux.

Le premier dimanche, elles m'entraînent à l'église avec elles.

On s'apprivoise très vite. Elles me considèrent un peu comme leur fils.

Le choc des ghettos

De bon matin, je quitte la maison de Jennifer et sa mère pour aller prendre le train.

Mon stage d'observation se déroule dans le centre de Washington.

Pour me faire comprendre des gens qui travaillent ici, je me fais aider par Google Translate. J'assimile peu à peu des mots.

Un Américain d'origine sénégalaise s'occupe des participants. Lui, parle français.

Chaque jour, nous faisons le grand écart. Aux rencontres avec les décideurs politiques et économiques succèdent les visites de terrain. Celles-ci m'ont beaucoup marqué.

Je découvre les ghettos.

Pour moi, c'est un choc. Cela n'a rien à voir avec les quartiers difficiles que l'on connaît en France.

Un ancien chef de gang reconverti dans l'action philanthropique nous sert de guide.

Toute ma vie, je me souviendrai de ma conversation avec cette femme au regard perdu : elle était défoncée au crack, son mari la battait, deux de ses fils étaient en prison et sa fille était enceinte de son troisième fils...

Jamais je n'avais été confronté à cette réalité-là.

C'est ma première prise de conscience. Je me dis : j'ai vraiment de la chance de vivre en France ! Même s'il n'est pas parfait, notre modèle social permet aux plus pauvres de ne pas être à la rue et aux enfants comme moi de bénéficier de l'école gratuitement.

Le voyage permet de prendre du recul par rapport à soi et à son propre environnement.

Je pense que l'on est trop critique en France.

Ma plongée dans les ghettos me fait relativiser certaines de mes sources de mécontentement. En même temps, ces visites me placent dans une situation de spectateur du désespoir.

Que puis-je faire ?

Au contact des personnes qui mènent des actions philanthropiques dans ces quartiers américains, je trouve le sens de mon engagement.

Mais je mesure aussi l'ampleur de la tâche qui m'attend. Je suis perfectionniste et j'aimerais que ce que j'entreprends touche immédiatement un maximum de personnes.

Je dois apprendre le sens de la mesure.

Avant de changer la vie de milliers de personnes, commençons par améliorer celle de dizaines de personnes.

Même quand on fait un peu, on change déjà les choses.

Le village de mes parents

En 2000, pour la première fois, je me rends dans le village de ma famille, Lambidou, au Mali. Je découvre les conditions dans lesquelles mes parents ont vécu. Pas d'eau. Pas d'électricité. Le sol en terre battue. Après leur émigration en France, ce sont leurs modestes revenus qui ont permis aux oncles, tantes et cousins de vivre. Je réalise les sacrifices que mon père et ma mère ont dû faire pour le bien de tous. Je réalise là leur force. Dans ma famille, on ne manquait de rien. Mais on n'avait pas tout. Nos parents nous ont donné un toit, nous ont nourris et nous ont éduqués. C'est déjà énorme.

Nous savions qu'ils n'avaient pas les moyens de tout nous offrir. Donc, il fallait se débrouiller.

Ça stimule l'imagination.

Le manque a été mon moteur, je crois. Quand on a des problèmes, il faut trouver des solutions.

Gagner de l'argent, c'est important. Je n'ai aucun problème avec ça. Pourquoi ce serait mal ? Tout dépend de ce qu'on en fait. Si on le réinvestit pour aider les autres, c'est noble.

Lorsque j'étais aux États-Unis, j'ai pris conscience que je devais être solide économiquement avant de songer à développer mon activité associative.

Je crois beaucoup au pouvoir de l'économie pour inverser le processus de la précarité.

Si on veut changer l'image des quartiers dans certaines villes, il faut mettre plus de moyens économiques.

Il y a des ressources énormes dans ces coins de France.

Un pays où tout est possible

Ce séjour aux États-Unis m'a montré les deux facettes de ce pays. J'ai rencontré des chefs d'entreprise et des députés américains pour qui le rêve américain est une réalité.

C'est une terre de graves difficultés, mais aussi d'incroyables opportunités.

Là-bas, on ne vous demande pas d'où vous venez. On s'intéresse à ce que vous faites. On vous dit dès le plus jeune âge : peu importe ton origine, tu peux réussir.

L'échec n'y est pas mal perçu comme en France. C'est même un atout d'être tombé et de s'être relevé ensuite.

Il y a un état d'esprit combatif et positif.

L'idée des Déterminés a vraiment germé là-bas.

Paroles de Déterminés
Yasmine Iamarene, Midi Pile*

« Pour moi, le Covid a été un déclic. J'étais en congé maternité, je venais d'avoir mon deuxième enfant. Je cogitais. Je me suis dit : "Yasmine, le monde s'écroule. Arrête d'avoir peur !" Depuis l'enfance, j'avais une phobie de l'échec. D'où cela me venait-il ? Je ne sais pas. Mes parents avaient quitté l'Algérie au moment de la guerre civile. Ils voulaient le meilleur pour leurs enfants. Ma mère était nutritionniste et mon père médecin du travail, spécialisé en toxicologie. Très tôt, j'ai voulu diriger une entreprise. À l'âge de douze ans, je vendais des fleurs que j'allais cueillir moi-même. Depuis longtemps, je m'identifiais aux entrepreneurs. Il y en avait un certain nombre dans mon entourage. Je ne me trouvais pas moins futée qu'eux ! Mais je procrastinais.

Après mon école de commerce, j'ai été salariée. J'ai exercé des fonctions financières dans le luxe et le textile. J'ai grandi à Cergy, c'est comme ça que j'ai entendu parler des Déterminés. Cette association a créé un environnement qui tranquillise tous ceux qui, comme moi, ont la hantise de l'échec. Quand je suis rassurée, je suis un bulldozer. J'ai fait la promo 21 et cela m'a apporté beaucoup de sérénité.

Mon idée était de changer l'expérience de la livraison. Quand je me faisais livrer à la maison, j'étais rarement satisfaite. Je voulais humaniser cette activité et la féminiser.

Seulement voilà, j'étais seule avec mon idée. Les Déterminés m'ont prise par la main. Ils vous apportent des compétences à trois cent soixante degrés. Et surtout, au sein des promos, on s'entraide. Radoine, qui a créé Mon P'tit Lait, fournit le petit déjeuner pour les personnes qui travaillent dans mes entrepôts. On s'aide beaucoup avec Mithula et Niroshy, les fondatrices de Cake Master. Avec elles, j'ai fait un voyage aux États-Unis organisé par Les Déterminés. Cela restera comme une des plus incroyables expériences de ma vie.

Il y a une joyeuse compétition entre les promotions. Ça crée une saine émulation. Les Déterminés, c'est comme une famille.

Je vis un truc de fou ! En un an et trois mois, Midi Pile est passé de 0 à 140 salariés. 56 % de mes salariés sont des femmes. Nous dispensons une vraie formation. Je veux que mon entreprise ait un gros impact sociétal.

La suite de l'aventure ? Je veux implanter Midi Pile en Afrique. Nous commençons par le Sénégal.

L'état d'esprit déterminé, selon moi ? C'est un feu que l'on a en soi. Quelle que soit votre histoire, si vous avez envie d'y arriver, et une idée à défendre, on va vous aider.

Je pense en avoir fini avec la terreur de l'échec. »

(*) Midi Pile est une entreprise spécialisée dans la livraison du dernier kilomètre. mp-logistique.fr

Se relever d'une injustice

Je me souviens de cet instant comme s'il venait de se produire il y a cinq minutes. Nous sommes au mois de septembre. J'ai treize ans. Avec mes copains, nous nous rendons à la fête qui se déroule chaque année, à la rentrée, à Cergy-Village.

Il y a un grand marché avec des artisans, plein de jeux, et un feu d'artifice le soir. Au moment où nous arrivons sur la place, une trentaine de policiers nous sautent dessus. Devant tout le monde. Puis ils nous embarquent au poste. Sans explications.

Une fois dans leurs locaux, ils nous font entrer

dans une pièce, placés dos au mur. Nous devons regarder droit devant nous. Des spots sont braqués sur nos visages. Je comprendrai ensuite que quelqu'un nous a observés à travers une vitre sans tain.

Après, tout s'enchaîne. Deux de mes copains et moi sommes placés quarante-huit heures en garde à vue. Puis déférés devant un juge pour enfants. On nous accuse d'avoir agressé quelqu'un. Je sais bien, moi, que je ne suis pour rien dans cette affaire. Il doit y avoir un malentendu. Mais personne ne me croit chez ces adultes. On me renvoie chez mes parents.

Pendant un an, je vais devoir me rendre une fois par semaine chez une éducatrice. Pour moi, c'est risqué, car son cabinet se situe dans une autre cité de Cergy où mes copains et moi avons des ennemis. La guerre des bandes sévit alors. Chaque mercredi, j'appréhende le trajet. Je me fais accompagner par mes grands frères.

Un an après, le juge nous annonce que la personne qui a déposé plainte l'a retirée. Elle a purement et simplement inventé cette agression !

Je suis ivre de colère de la décision qui a été

prise contre moi. Sur la foi d'une accusation mensongère ! Mais voilà, j'avais la gueule de l'emploi...

Dès le plus jeune âge, on m'a appris que je devais toujours avoir ma carte d'identité dans ma poche car les gens comme moi sont systématiquement arrêtés.

Sur le coup, j'ai fait honte à mes parents. On m'a renvoyé aux pires clichés que les racistes peuvent avoir sur des gens comme moi.

Comment croire encore à la justice de mon pays ? Il faut que je retourne ma colère contre quelqu'un ou quelque chose. Je me mets à traîner au centre commercial avec mes amis. C'est une manière de me protéger. On commence à se battre avec des bandes rivales. Mais j'ai plus peur de mes parents que de la police. Je ne veux pas les décevoir.

En écoutant les adultes, j'ai commencé à me dire que j'avais tort de donner raison à l'injustice en me comportant comme je le faisais.

Débloquer l'ascenseur

Depuis l'adolescence, j'entends cette phrase : « L'ascenseur social est bloqué. » Si j'avais attendu qu'on le répare, je serais encore en train d'attendre dans le hall.

Quand on n'a ni les diplômes, ni les réseaux, l'entrepreneuriat est une rampe d'accès alternative. Mais elle n'est pas sans risques. On peut très bien dégringoler les étages.

On n'a pas de filet de sécurité.

L'ascenseur ne fonctionne toujours pas. Il est en train de rouiller. J'ai lu dans une étude de l'OCDE qu'il fallait six générations, soit cent quatre-vingts années, pour qu'un descendant d'une famille en bas de l'échelle des revenus (les 10 % les plus bas) s'élève au niveau moyen de son pays.

Au Brésil ou en Afrique du Sud, il faut neuf générations. En Norvège, Finlande et Suède, seulement deux ou trois.

Dans les pays riches, 17 % seulement des enfants d'origine modeste réussissent à se hisser en haut de l'échelle des revenus une fois adultes.

Alors que 42 % des enfants des familles aisées réussissent à y rester.

Selon cette étude, il y a une forte reproduction sociale en France. L'école ne la corrige pas.

Mon obsession, c'est d'aider ceux qui sont au bas de l'échelle à monter dessus dans un premier temps. Puis leur donner les moyens de l'escalader, marche après marche. Et enfin, les aider à ne pas tomber.

Parmi ceux-là, il y a beaucoup de gens comme moi. On ne peut plus continuer à écrire l'histoire de France sans nous.

De quoi se plaindre ?

Je déteste me plaindre. Quand ça ne va pas, je prends sur moi. Et lorsque je suis confronté à des difficultés, j'essaie d'abord de les résoudre par moi-même.

Nous avons en nous un grand nombre de réponses aux questions que nous nous posons.

Il faut se donner la peine de les trouver. Si on

baisse les bras tout de suite, ça ne risque pas de marcher.

Quand j'échoue, je m'en prends à moi-même.

Je me méfie des gens qui cherchent à l'extérieur d'eux-mêmes les raisons de leurs échecs. Et qui veulent tout expliquer par un événement survenu dans leur passé.

Avant de brandir des excuses, il faut trouver des solutions.

Les conditions sociales dans lesquelles on a grandi ne peuvent pas servir d'excuse à tout.

C'est aussi une chance de grandir dans un milieu modeste.

On y apprend les valeurs de solidarité et d'entraide. Dès qu'un truc nous manque, on frappe à la porte du voisin.

Quand tu as peu de choses, il reste le partage.

Moi, je suis fier d'où je viens.

Je n'ai jamais eu honte d'où je venais.

Je me méfie de ce discours qui consiste à plaindre ceux qu'on appelle les « transfuges de classe ».

À force, on déresponsabilise les gens.

Moi, je suis responsable de mes actes.

Et je n'aime pas qu'on me prenne pour une victime.

Je ne pense pas que ce soit un statut enviable.

« Les singes »

J'ai souffert du racisme, mais pas autant que d'autres dans mon entourage.

Enfant, j'ai entendu les plaisanteries sur « les singes ». Ça m'a rendu triste, mais j'ai décidé de passer mon chemin. La première vraie manifestation du racisme, c'est lors de mon arrestation avec mes copains à la fête de Cergy que je l'ai vue. Nous étions noirs ou arabes et on nous a fait comprendre ce jour-là que nous n'étions pas à notre place à la fête du village.

C'est lorsqu'on sort de son cercle qu'on est confronté au racisme. Moi, j'ai grandi au milieu des miens, entouré de mes grands frères.

Contrairement à mes copains du quartier, je n'ai pas cherché un emploi. J'ai tout de suite voulu créer mon entreprise.

Je n'ai pas eu à subir l'humiliation de voir

mon CV rejeté à cause de mon nom ou de mon adresse.

La discrimination à l'embauche est une réalité très grave. Comme le mentionne le dernier rapport du Défenseur des droits : « L'origine réelle ou supposée constitue le deuxième critère de discrimination après le genre : 11 % des individus déclarent avoir vécu une ou des discriminations en raison de l'origine ou de la couleur de peau au cours des cinq dernières années. »

Grâce à l'entrepreneuriat, vous pouvez être votre propre patron. Et c'est vous qui fixez les règles du jeu.

Paroles de Déterminés
Fatou Sall, Mythe People*

« J'ai pris deux grosses claques dans ma vie. La première, c'était au lycée. Je voulais à l'époque être sage-femme. Pour cela, il fallait faire un bac S. Mais en 2001, mon père organise la première participation du Sénégal, dont nous sommes originaires, au Salon international de l'agriculture, à Paris. Il me demande de l'aider. Je prends goût à l'événementiel. Je fais deux stages dans une agence de communication qui a travaillé avec lui sur ce projet. Mon choix est fait : c'est ma vocation.

Je veux donc aller en STT. Mais mes profs ne veulent rien entendre. Ils veulent que je fasse une première S. Comme je n'ai pas le niveau en physique-chimie, ils me font redoubler. Je finirai par rejoindre les STT l'année suivante.

La seconde claque, je la reçois en BTS communication des entreprises à Cergy. Dans ma classe, je suis la seule Noire. On me fait sentir que je ne suis pas à ma place. Mais je travaille bien et je suis passionnée par ce que j'apprends. Ce qui étonne certains de mes profs, qui me voient comme une rebelle. À la fin de l'année, on me refuse le passage en deuxième année. Alors que d'autres, qui ont des notes inférieures aux miennes, sont acceptés !

Je décide de me battre, avec l'aide de ma mère et de ma grande sœur Seyna. Je contacte plusieurs fois l'inspection académique. C'est à pleurer. Un jour, je reçois un coup de téléphone du recteur de l'académie. Il a reçu mon courrier. "Expliquez-moi", me demande-t-il. Je lui raconte mon histoire. "Je vous crois", me dit-il, et il m'annonce que je pourrai finalement passer en deuxième année ! À une condition : que je cartonne !

Cette mésaventure, qui s'est bien terminée, a été fondatrice pour moi. Elle m'a fait orienter l'association que j'ai créée à dix-sept ans vers la mise en relation des jeunes avec les métiers. De là me vient mon envie d'accompagner les gens. En 2010, je me lance dans l'autoentrepreneuriat.

La Fnac, où j'ai fait mon alternance durant ma licence, m'a recrutée. Ce qui a été une belle revanche pour moi. Ensuite, j'ai rejoint une maison d'édition jeunesse pendant quatre ans puis j'ai travaillé dans une agence de presse spécialisée sur l'Afrique. Celle-ci manquait de moyens. Je me suis retrouvée coincée au Gabon sans argent pour payer l'hôtel.

Un jour, au centre commercial des Trois Fontaines de Cergy, je croise Moussa Camara. Il m'incite à postuler aux Déterminés. J'ai alors un projet qui me tient à cœur : accompagner les entrepreneurs et organiser des ateliers culturels au sein des entreprises. Je suis acceptée dans la promo 2, en 2016.

Le dernier jour de la formation, je me suis envolée pour Dakar où je devais réaliser un reportage sur le premier marathon Eiffage. Depuis, j'ai recentré l'activité de Mythe People sur la communication et le coaching des entrepreneur(e)s et des personnalités. Je suis associée à mes sœurs, qui, elles, travaillent en France. Moi, je suis restée au Sénégal. Nous avons deux types de clients : les entrepreneur(e)s de la diaspora qui lancent leur activité ou veulent la développer, et les institutionnels.

Pour moi, Les Déterminés ont été un booster. Cette association dégage une telle énergie de groupe. On n'est pas déterminé tout seul, on réussit ensemble. »

(*) Mythe People est une agence afropéenne qui fait de l'accompagnement en communication et événementiel – entre Paris et Dakar. https://mythepeople.com

À quelques mètres d'Obama

Quand, le 28 août 2013, Barack Obama clame la célèbre phrase de Martin Luther King « I have a dream », je suis très impressionné de vivre ce moment.

Je me trouve à quelques mètres seulement du président américain. Moi, le petit Français.

Ce jour-là, devant le Capitole, des milliers de personnes sont venues écouter le discours qu'il prononce à l'occasion du cinquantième anniversaire de la marche organisée par Martin Luther King.

J'ai été invité à revenir pour l'occasion aux États-Unis par Jonaye Ingram, le conférencier que j'ai rencontré à l'université de Cergy. Il m'a fait réserver une place dans le carré VIP. Dans les premiers rangs. Et dire qu'il y a tous ces gens derrière moi. Je me retourne et je ne peux m'empêcher de prendre en photo la foule.

Un président noir qui célèbre la grande réalisation de Martin Luther King : c'est un jour historique. Et je suis là.

Obama rend hommage à tous les Noirs « qui n'avaient que quelques dollars et qui sont montés dans des bus pour venir à Washington même s'ils ne pouvaient pas s'asseoir où ils voulaient ».

Ça se passait comme ça pour les Noirs, en 1963. Ils n'avaient même pas le droit d'utiliser les mêmes toilettes que les Blancs.

« Il faut rester vigilant et ne pas tomber dans la complaisance », insiste Obama. Il redit l'importance de l'école pour lutter contre les inégalités.

Il prononce aussi une phrase qui résonne beaucoup en moi : « Le changement ne vient pas de Washington mais à Washington. »

Ça veut dire : n'attendons pas que les solutions viennent d'en haut. Portons nous-mêmes les scénarios du changement.

Je me suis intéressé au parcours de Martin Luther King. Il a eu à cœur de rassembler les gens au-delà de leur couleur de peau. Le racisme n'est pas que l'affaire des Noirs. Il faut mettre tout le monde autour de la table pour résoudre le problème.

Cet homme a risqué sa vie pour la justice et il en est mort.

Il faut être digne de son héritage.

Mais je ne m'identifie pas spécialement aux leaders noirs.

Son Goku et les sans-culottes

Le matin, les jours où il n'y avait pas école, nous avions le droit de regarder le « Club Dorothée » à la télévision.

Je me levais tôt pour regarder les épisodes de *Dragon Ball*, un manga adapté en dessin animé. Le héros, Son Goku, a été mon premier modèle. Il voulait sauver la Terre entière. La nuit, dans mes rêves, je m'imaginais dans son rôle.

J'aimais ce personnage car il apportait des solutions aux problèmes. Et puis j'étais fou de mangas. Avec mes copains, nous n'avions pas les moyens d'en acheter. Alors, le samedi, nous allions à la Fnac de Cergy pour les feuilleter. Le responsable du rayon, qui a vu que nous étions passionnés, nous laissait les lire. Nous passions l'après-midi assis par terre à dévorer toutes les nouveautés.

Dans la fiction, je m'intéresse aussi à l'histoire des grands hommes. Par exemple, William Wallace, le héros de l'indépendance écossaise. J'ai vu le film de Mel Gibson sur lui, *Braveheart*, qui est contesté par les historiens. Mais j'aime ce genre de personnages qui se battent pour un idéal et mettent leur peau au bout de leurs idées.

L'histoire était ma matière préférée. Pourquoi ? Je ne saurais pas vraiment l'expliquer. Peut-être que c'est l'influence de mon père. Quand il rentrait du travail, on regardait ensemble le journal télévisé. Il s'intéressait beaucoup à la politique. Il me parlait de Pompidou, Mitterrand. Ça m'a influencé, je crois. J'ai commencé à me plonger dans l'histoire de France. La Révolution française, c'était aussi bien qu'un manga : Danton, Robespierre…

J'étais si curieux que j'allais à la bibliothèque pour récolter encore plus de renseignements. Je voulais savoir de quelle manière les sans-culottes s'étaient organisés. La fuite à Varennes de Louis XVI m'a passionné comme un thriller.

Plus tard, lorsque je suis allé à Paris, j'ai vu pour la première fois la Conciergerie où Marie-Antoinette a été emprisonnée.

C'est magique de découvrir un lieu où s'est déroulée l'Histoire. Depuis ce moment-là, je veux tout savoir de l'histoire des lieux où je me trouve. Avant de me rendre dans une ville de province pour lancer une promotion des Déterminés, je lis tout ce que je peux trouver sur cet endroit. Je veux savoir où je suis. Quelle est cette terre sur laquelle je pose mes pieds.

Toutes les époques m'intéressent en histoire. Je me suis passionné pour l'Égypte ancienne. J'aime bien, par exemple, la manière dont Napoléon a préparé ses batailles. Même Waterloo ! J'ai gardé en tête la période du Front populaire. Léon Blum, Daladier… Ça m'est resté.

Madame Braud, mon professeur d'histoire-géographie, avait bien vu mon appétence pour sa discipline. Je me mettais au premier rang pour suivre ses cours et je buvais ses paroles.

Au charbon !

On me demande souvent qui sont mes héros, mes modèles. Je ne les ai pas trouvés dans la fiction, mais dans la vraie vie. Ce sont tous les gens qui, comme mes parents, se lèvent tôt le matin pour aller travailler : les femmes de ménage, les nettoyeurs de rues, les manutentionnaires…

Je me battrai toujours pour eux. Alors que ceux qui défendent le droit à la paresse n'ont pas besoin de moi.

Lorsque j'avais dix-huit, dix-neuf ans, j'ai vu les efforts que ces métiers représentaient. J'ai fait un stage dans la logistique du froid. Je me levais à 5 heures pour préparer les commandes, qui étaient expédiées dans les hypermarchés.

Aller au charbon : cela pourrait être ma devise personnelle.

Un été, j'ai effectué une mission d'intérim dans les travaux publics. Il fallait creuser une tranchée par quarante degrés.

Sur le chantier, les vieux me disaient : « Ne fais pas ça, tu es trop jeune. »

Sans ces petits métiers, il n'y a pas de société possible. Je dis « petits » alors que ce sont de grandes et nobles tâches.

Paroles de Déterminés

Radoine Ayourjil, Mon P'tit Lait*

« Je crois que j'ai voulu devenir entrepreneur le jour où j'ai rencontré un producteur fermier qui vendait son lait à la sauvette sur le marché de la ville où je suis né, Mantes-la-Jolie. Il remplissait des bouteilles en plastique et ça m'a intrigué. Il m'a expliqué qu'il avait du mal à boucler les fins de mois et que cette vente, deux fois par semaine, était vitale pour lui. Tant de producteurs mettent la clé sous la porte faute de pouvoir se verser un salaire à la fin du mois. Je me suis demandé comment leur venir en aide. Et comment permettre au consommateur de bénéficier de lait frais et éthique.

D'où l'idée de Mon P'tit Lait : la vente de produits laitiers en circuit court sous forme de consigne via des moyens de transport écologiques. Le tout permettant aux producteurs d'être rémunérés à un meilleur prix.

Avant cela, j'étais chargé d'affaires dans une entreprise de matériaux pour le BTP. J'ai fait une école de commerce à Paris, l'IFAG. Ma spécialité était le marketing international.

Je n'ai jamais rien lâché. Même quand la vie me jouait des tours. L'année dernière, j'avais été sélectionné pour une émission de grande audience sur M6, mais quelques jours avant le tournage, on m'a appelé pour annuler. Ça m'a dévasté. Mais, avec le temps, je me dis que ce n'était pas le bon timing.

Les Déterminés ont été déterminants pour moi. J'ai découvert l'association lors d'une présentation qu'ils ont faite à Mantes-la-Jolie. Quand on veut entreprendre, on est limité en ressources.

En moins d'un an, Mon P'tit Lait a vendu 25 000 litres de lait. 60 % de notre clientèle, c'est du B to C. On nous trouve dans les grandes surfaces, chez les primeurs, mais on peut aussi s'abonner à nos services. J'aime l'idée de livrer le lait aux enfants qui l'attendent pour le goûter.

En B to B, nous livrons des hôtels, des restaurants, des espaces de coworking, une mutuelle…

Nous travaillons avec 17 producteurs en Île-de-France. Mais nous comptons bien augmenter nos volumes.

Nous ouvrons notre première boutique à Épône dans les Yvelines. On y trouve des produits laitiers de la région mais c'est aussi l'occasion de découvrir des choses simples et bonnes, comme des tartes normandes, des crêpes et des pâtisseries avec de vrais produits naturels. »

(*) Mon P'tit Lait propose du lait aux professionnels et aux particuliers en circuit court par moyen de livraison écologique. https://monptitlait.fr

Ici, c'est Paris...

Même lorsqu'on grandit dans un quartier compliqué en Île-de-France, on a au moins un avantage : on est tout près de Paris et, en France, beaucoup de choses se passent dans la capitale.

Alors que si on vit dans certaines régions, malgré l'épaisseur du tissu économique et la qualité de l'écosystème entrepreneurial, c'est encore souvent difficile de se constituer un réseau.

Avec Les Déterminés, nous avons voulu casser ce modèle jacobin. Mais notre intention n'a pas toujours été bien perçue au début de notre aventure.

Je me souviens d'une réunion dans une région

avec tous les acteurs de l'économie locale. Nous avions tenu à cette rencontre alors que rien ne nous y obligeait. C'était une visite de courtoisie en quelque sorte.

Le correspondant régional de la Banque populaire d'investissement (BPI) avait organisé la table ronde. À peine avions-nous présenté notre action que le représentant d'une structure locale nous a dit : « Encore une association parisienne qui va nous expliquer la vie ! »

J'ai réagi un peu vivement car je trouvais le reproche facile. J'ai répondu à la personne : « Je ne savais pas qu'il fallait un visa pour venir dans votre région ! Si on me l'avait dit, j'aurais pris contact avec votre ambassade à Paris ! »

J'ai mesuré à cet instant le pouvoir de la capitale sur le reste de la France. Les grandes décisions se prennent à Paris. Pas étonnant que les Français qui vivent en province se sentent nerveux quand des Parisiens débarquent chez eux. Ils pensent qu'on va leur donner des leçons. C'est le problème de notre pays : les gens ont du mal à se parler. Chacun campe dans son pré carré.

Ce n'est pas l'état d'esprit des Déterminés. Et

les gens l'ont bien compris. Ils savent que nous ne venons pas chez eux pour faire du business ou faire les choses à leur place. Aujourd'hui, dans toute la France, on nous demande. Il n'y a que dans le centre du pays que nous ne sommes pas encore présents. Mais ça ne saurait tarder.

Si autant de jeunes ne cherchaient pas de boulot ou si les entrepreneurs savaient à qui s'adresser, personne n'aurait besoin de nous. Notre association prend en charge les angles morts des politiques économique et sociale. Elle apporte une vraie valeur ajoutée.

Au-delà du projet entrepreneurial, nous faisons vivre un territoire. Notre connaissance du terrain et notre expertise nous permettent d'organiser des moments de rencontre adaptés au style de vie des habitants, le soir ou le week-end.

Nous disposons de relais locaux, d'un réseau de formateurs et d'experts auxquels ces derniers n'ont pas accès en temps normal.

Tout le monde reconnaît aujourd'hui que le modèle des Déterminés est unique en son genre. L'expérience nous montre qu'il est duplicable.

Je l'ai vu aux quatre coins de la France.

Que de rencontres magnifiques ! Je me souviens de cette belle journée d'été 2022 à Mulhouse. Des acteurs associatifs locaux nous avaient demandés. J'y suis allé avec Samy et Aboulaye. Nous sommes partis en voiture de Cergy le matin et nous sommes rentrés le lendemain à l'aube. Nous avons passé la journée avec les familles et les jeunes du quartier. Les gens demandent juste de l'attention. Il faut être simple et modeste dans ce qu'on promet. Souvent, on leur donne plus que ce qu'on pensait pouvoir leur offrir.

Quand vous comprenez une population et que vous lui proposez un projet, elle vous suit.

La jeune fille qui voulait rebrousser chemin

Ce devait être lors des sélections de la deuxième promotion des Déterminés. Nous avions donné rendez-vous aux candidats au siège du Medef, le syndicat des patrons, 55 avenue Bosquet, à Paris. Le président de l'organisation patronale, Pierre Gattaz, soutenait notre action et avait mis des salles à notre disposition. Les bureaux du Medef sont situés dans un très bel immeuble historique d'un beau quartier de Paris, à deux pas de la tour Eiffel. Ce n'est pas un endroit où les gens de la banlieue ont l'habitude d'aller.

Mais j'ai tenu à ce que les événements de l'association aient lieu au cœur de la ville, et non à la périphérie. C'est là que se situe le cœur du réacteur. Là où vivent et travaillent les décideurs.

Je monte l'escalier et je tombe sur une jeune femme qui est en train de rebrousser chemin. Je l'aborde. Elle est stressée. Nous parlons. Elle vient du Val-d'Oise. Elle est impressionnée par les lieux et par l'enjeu. Je sens à quel point elle doute d'elle-même.

Je tente de la rassurer. « Je suis comme toi, lui dis-je. Cette association, je l'ai conçue pour des gens comme nous. »

Elle a pris son courage à deux mains. Et, devant le jury, elle s'est révélée. Ça m'a tellement touché que j'ai insisté pour que, même si, à la fin, elle n'entreprenait pas, elle fasse absolument partie de cette promotion.

Quelques semaines plus tard, je l'ai vue présenter son projet devant une centaine de personnes. Elle était métamorphosée. Sa posture avait changé.

J'ai ressenti tout le sens du projet des Déterminés à ce moment-là.

Le mental des résilients

La détermination ne va pas sans la résilience. C'est une question de mental.

Même si on nous dit : « Ce n'est pas possible », on ne lâche rien. On est solide dans sa tête malgré les épreuves. Surtout, ne jamais baisser les bras.

Cette force me vient de ma famille et de mon entourage. C'est dans cet état d'esprit que j'ai été élevé.

Et de toute façon, dans mon quartier, il fallait être résilient pour s'en sortir.

C'est la leçon que j'ai retenue de ma jeunesse et que je veux inculquer plus tard à mes enfants : même quand on n'a rien, il faut garder la tête haute. Et on n'obtient rien sans le travail.

De nombreux entrepreneurs qui passent par les Déterminés sont des résilients. Ils ont vécu de véritables tragédies dans leur existence. Certains ont connu la guerre. D'autres ont perdu un enfant.

Ils ont une force incroyable en eux, mais ils n'en ont pas toujours conscience. Beaucoup se censurent car ils ont peur d'échouer.

Cette peur-là, c'est un poison.

Pauvre toi-même !

J'ai entendu l'autre jour un sociologue, Gérald Bronner, expliquer qu'il avait pris conscience très tard qu'il était issu d'une famille pauvre.

Je comprends bien ce qu'il dit.

Moi non plus, je n'ai longtemps pas eu conscience que j'étais pauvre.

Dans mon quartier, on avait tous le même niveau de vie. On ne sentait pas la précarité car on se serrait les coudes.

C'est quand je suis sorti du quartier que j'ai pris conscience de ma situation sociale.

J'ai découvert que des gens allaient le week-end au Parc Astérix et que d'autres partaient en vacances au ski.

Est-ce que j'en ai souffert ?

Pas tant que ça, je crois.

J'ai compris que pour m'acheter des fringues à la mode au centre commercial, je devrais travailler pour gagner mon propre argent.

Mais je n'enviais pas ceux qui pouvaient s'offrir tout ça.

Je ne comprends pas le sentiment de jalousie sociale.

Si on passe son temps à regarder dans l'assiette du voisin, on ne mange même pas.

Aujourd'hui, je navigue entre plusieurs mondes : celui de mon enfance et celui des affaires, de la politique.

Je vais de l'un à l'autre en restant le même.

Paroles de Déterminés
Mithula Panchalingam et Niroshy Thurairajah, Cake Master*

« Notre père est épicier à Bobigny depuis vingt ans. Pendant les vacances et le week-end, nous tenions la caisse. L'origine de notre vocation d'entrepreneuses est peut-être à chercher là. Qui sait ? Avant de nous lancer ensemble, nous avions l'une et l'autre envie d'entreprendre. Nous avons étudié l'une le marketing et l'autre la finance.

Comment nous est venue l'idée de ce kit de pâtisserie prêt à l'emploi ? Quand il est arrivé en France depuis le Sri Lanka, notre père a commencé par travailler en cuisine. Il adorait faire les gâteaux et a appris les recettes des spécialités françaises. La sienne, c'est le fraisier. Nous, nous n'étions pas douées en pâtisserie. Soit nous n'avions pas les bons ingrédients, soit les ustensiles nous manquaient. C'est ainsi qu'est né le kit de Cake Master.

Nous l'avons prototypé durant trois-quatre mois. Au début, nous nous disions : qui va acheter ça ? Dans la première box que nous avions conçue, qui permettait de cuisiner un napolitain, il y avait un moule en aluminium, des ingrédients dosés, et une feuille A4.

Nous avons créé un compte Instagram et sollicité nos proches. En quelques mois, nous avons convaincu une centaine de clients ! Les Déterminés ont vu le potentiel de notre projet. Nous avons entendu parler de cette association par les créateurs de Uncle J. Au départ, une seule d'entre nous avait prévu de candidater. Mais l'association nous a répondu : "Vous venez toutes les deux."

Le succès de Cake Master nous a un peu dépassées. Nous n'avons pas encore les moyens de toutes nos idées. Nous devons passer à une autre échelle. Nous remettons en question notre business model. Peut-être devons-nous aller vers le B to B.

Nous avons créé des kits avec des chefs, comme Thierry Marx et la cheffe pâtissière Muriel, qui a une chaîne Youtube très suivie. Un grand sachet a remplacé la box des débuts et nous travaillons avec les épiceries fines. Une nouvelle vie commence. Comme si nous repartions de zéro. Mais nous sommes plus déterminées que jamais. Il faut l'être quand ça devient dur. Quand on a toutes les raisons de baisser les bras, il faut se retrousser les manches ! »

(*) Cake Master propose des kits de pâtisserie pour débutants et amateurs. https://cakemaster.fr

Ils ont ouvert la voie

J'aime les personnalités qui font bouger les lignes. Ces hommes et ces femmes que l'on n'attendait pas et qui ont creusé leur propre sillon.

Beaucoup d'entre elles sont des soutiens de notre association.

Je pense d'abord aux chefs d'entreprise. Ce qui m'intéresse chez eux, c'est leur itinéraire et le modèle social derrière leur business.

Adolescent, la seule figure de l'entrepreneur que l'on voyait à la télé, c'était Bernard Tapie : le Boss. Il m'arrivait de regarder ses émissions.

Il venait d'en bas, il s'est battu. Il n'a pas tout bien fait, mais il nous faisait rêver. Un autre destin que celui qui nous était promis était donc possible.

Pour le storytelling, il était très fort.

Il faut le reconnaître : il a été un précurseur.

Le parcours entrepreneurial de Xavier Niel m'a beaucoup intéressé. Lui aussi a grandi en banlieue. Je l'ai rencontré au début de l'aventure des Déterminés, à la Station F. Il a été de bon conseil.

Je suis très admiratif de Kelly Massol, la fondatrice des Secrets de Loly, une marque de cosmétiques pour soins capillaires. Elle est partie de rien. Aujourd'hui, elle est incontournable.

Je pourrais citer plein d'autres noms. Puisqu'il faut en retenir un dernier, je dirais Dawala, le producteur de rap à l'origine du label Wati B, qui produit Sexion d'Assaut. Il a bâti un modèle entrepreneurial atypique, qui va du sport au streetwear.

Je n'oublierai pas non plus l'acteur Omar Sy. Il suit l'action des Déterminés depuis longtemps. Il a un profond respect pour notre travail.

Tous ces gens qui s'aventurent en dehors des sentiers battus sont des modèles inspirants pour les Déterminés.

Élitiste, moi ?

J'entends parfois dire (de plus en plus rarement) que l'entrepreneuriat serait un modèle élitiste. Cette critique me fait légèrement sourire. À qui s'adresse un programme comme celui des Déterminés ? Justement à ceux que le système ne considère pas comme les meilleurs car ils n'ont pas les bons diplômes.

À mes yeux, être le meilleur ne signifie pas être numéro 1. C'est faire réussir les autres.

Apprendre de ses échecs

En France, on a un curieux rapport à l'échec. Dès le plus jeune âge, à l'école, on le sanctionne par des mauvaises notes et parfois par un redoublement. On vous fait comprendre que c'est mal d'échouer. On vous culpabilise. Au lieu de vous expliquer ce que vous pouvez apprendre de vos faux pas.

Je pense que nous avons tous un minimum de potentiel. C'est ce minimum qu'il faudrait aller chercher chez les enfants et les adolescents.

En même temps, notre pays n'a pas vraiment la culture de la gagne. Alors que la France est le meilleur endroit au monde pour prendre des risques. Pourquoi ? Parce que nous avons un filet social pour nous empêcher de tomber. Et malgré ça, nous avons peur de tenter des choses nouvelles.

Cette crainte nous vient sans doute de cette conception que nous avons de l'échec.

Je me méfie du discours inverse, qu'on entend de plus en plus : il faudrait absolument échouer pour réussir. Personne ne se lève le matin en se disant : chouette, aujourd'hui, je vais me planter !

Depuis mon enfance, je suis préparé à l'échec. Je sais que c'est une issue presque certaine à tout ce que j'entreprends. Autant dire que je n'ai rien à perdre.

Je me dis : ça marchera ou pas. Si ça ne marche pas, tant pis, je ferai autre chose. Quand on a intégré l'idée de l'échec, on se sent plus fort. On n'est pas freiné par ça.

Je dis souvent aux Déterminés : quand on sort du bois, il y a des risques.

Paroles de Déterminés
Imane Do Vale, Nissé*

« Mon exemple de persévérance et de détermination me vient de mes parents qui ont monté leur entreprise familiale qu'ils ont gardée vingt ans durant. Le temps pour moi de me consacrer pleinement à mes études avec, à la clé, un master en finance obtenu à Sciences Po Paris en 2014.

En 2011 j'ai eu l'opportunité de partir un an à Singapour : tout était nouveau pour moi, le pays, la langue, le climat, la nourriture, les gens. Tout cela m'a beaucoup stimulée et j'avais déjà des tas d'idées business qui germaient dans ma tête.

À mon retour, je ne me suis pas lancée tout de suite. J'avais besoin de consolider ma formation et de la confronter au monde réel. J'ai intégré en 2014 un cabinet de conseil en finance d'entreprise.

Nissé est née au moment même où je donnais naissance à mon premier enfant. Mon bien-être et celui de milliers de femmes étaient au centre de mes réflexions : comment réconcilier santé et féminité au travers de notre lingerie ? Nous nous préoccupons de ce que nous mangeons ou de ce que contiennent nos cosmétiques mais peu de ce que nous portons. Or, notre lingerie, qui est en contact direct avec notre peau, contient souvent des substances nocives pour notre santé, et les femmes y sont particulièrement exposées pour des raisons biologiques.

Les alternatives lingerie "saines" n'étaient pas assez esthétiques pour moi, comme s'il fallait que j'arbitre entre ma féminité et mon confort. Nissé, c'est ma réponse à ce dilemme, je réconcilie le confort et le style tout en respectant la santé des femmes et l'environnement.

Avec Les Déterminés, j'ai renforcé ma posture d'entrepreneur, eu accès à un réseau de qualité mais surtout, j'ai tissé des amitiés fortes qui aujourd'hui m'aident à avancer. C'est inestimable de pouvoir se reposer sur des personnes qui sont sur le même chemin que vous.

Et depuis ? Nissé est en lancement, avec, en fer de lance, la volonté de produire en France avec mon atelier partenaire situé à Épernay. C'est également une levée de fonds qui témoigne de la confiance de mes partenaires et le recrutement d'une personne formidable qui m'aide au quotidien à mettre en œuvre ma vision.

La détermination est un état d'esprit alimenté en partie par soi et par les personnes qui nous entourent et nous encouragent. C'est ce qu'offre l'association Les Déterminés.

Une dose continuelle de courage et, à tout moment, une solution à nos équations d'entrepreneur. Patience, résilience, discipline sont les maîtres mots quand on est déterminé ! »

(*) Nissé est une marque de lingerie écoresponsable. https://www.nisse-lingerie.com

Au royaume du m'as-tu-vu

Il n'y avait pas de réseaux sociaux lorsque j'étais adolescent. On ne passait pas notre temps à nous comparer aux gens qui vivaient dans d'autres mondes. Les stars que nous aimions, nous ignorions tout de leur vie privée. Il fallait acheter des magazines people pour le savoir. Et encore.

Aujourd'hui, la moindre vedette étale son

existence sur les réseaux. Certaines stars ne cachent rien de leur train de vie ahurissant. Elles se filment dans leur jet privé, dépensent des sommes folles dans les restaurants de luxe et les boutiques de marque.

L'image qu'elles véhiculent est celle d'une société d'hyperconsommation où ce qui compte c'est l'apparence et l'argent.

C'est le royaume du m'as-tu-vu et du clinquant. On nous vend une vie rêvée, à laquelle on accède sans contraintes ni efforts.

Le jeune qui regarde ça sur son smartphone dans son HLM a de quoi être frustré.

Je parle souvent de ce sujet avec mon ami Galo Diallo, comme moi originaire de Cergy-Pontoise, qui a créé l'agence Smile. Galo est l'agent de nombreux créateurs de contenus sur le numérique.

Tous les deux, nous avons à cœur de proposer d'autres rôles modèles que les vedettes bling-bling.

On peut aussi réussir en étant un travailleur ou un entrepreneur. Sans rouler sur l'or. L'argent n'est qu'un moyen, pas une fin. Ce n'est pas ce qui rend le plus heureux.

On ne montre pas assez les sacrifices que cache toute réussite professionnelle. Quand vous regardez les émissions de télévision sur les pâtissiers, on ne vous dit à aucun moment qu'ils doivent se lever tous les jours à 3 heures du matin pour travailler.

On maintient les gens dans une sorte de fiction. Sur les réseaux sociaux, cette impression est multipliée par dix. Il serait temps de revenir à la réalité. Sinon, on se prépare un monde qui rendra beaucoup de gens malheureux.

Le réseau et les réseaux

J'ai pris conscience de l'importance des réseaux sociaux lors de mes séjours aux États-Unis. Les acteurs associatifs que j'ai rencontrés là-bas les utilisaient pour donner de l'impact à leur action.

Autour des Déterminés, nous avons bâti une communauté de plus de 100 000 personnes, qui nous suivent sur tous les réseaux. Cela permet de fédérer toujours plus de gens autour de notre philosophie et nos actions. Mais aussi de susciter des vocations.

Grâce à ce déploiement numérique, notre association a acquis un rôle de catalyseur. Notre influence se veut propre, éthique et saine. Nous n'avons pas de leçons à donner.

À terme, nous envisageons de nous imposer comme une communauté de créateurs de contenus. On vient de lancer un podcast pour valoriser les réussites des quartiers prioritaires et des zones rurales.

Au cours de la formation qu'ils suivent chez nous, les Déterminés consacrent un mois à l'apprentissage du numérique. On leur apprend à créer et animer un site Web, à gérer leurs réseaux sociaux et à produire leurs propres vidéos.

C'est important, lorsqu'on se lance dans l'entrepreneuriat, de développer une communauté autour de son projet.

Paroles de Déterminés
Thirin Ariaratnam et Mohamed Camara, Uncle J*

« Nous nous sommes connus en DUT (métiers du multimédia) à Bobigny, en Seine-Saint-Denis. Thirin a grandi dans cette ville, ses parents ont fui la guerre civile au Sri Lanka. Mohamed, lui, a passé sa jeunesse à Bondy.

Entre nous, ça a matché tout de suite. Très tôt, nous avons eu envie de créer quelque chose ensemble (Thirin est UX designer et Mohamed développeur). Après nos études, nous avons découvert le monde du travail dans des start-up à Paris. Cet univers ne nous ressemblait pas trop.

Notre première idée d'entrepreneurs a été de créer un réseau social où les gens partageaient leurs tenues. Notre compte Instagram a rapidement atteint 10 000 abonnés. On s'y croyait déjà. Mais nous nous sommes perdus dans notre stratégie. Au début, nous voulions référencer les tenues des rappeurs. Le même concept que le nôtre a émergé en Espagne et a tout explosé. Nous avons arrêté. Après, nous avons eu l'idée d'une plateforme pour vendre du thé aux saveurs originales. Mais nous avons vite jeté l'éponge.

Ces deux expériences ont été un bon booster. Une bonne incitation à grandir. Il nous manquait quelque chose pour devenir de vrais entrepreneurs. Nous nous sommes alors inscrits en master en marketing e-commerce en alternance. Au cours de la deuxième année, nous avons lancé Uncle J. Thirin est tombé dans les sneakers. Quand on n'arrive pas à obtenir une paire au tirage au sort, ça coûte très cher. On se dit que l'on peut être pour tous les passionnés frustrés de vrais "problem solvers". On pense d'abord à un Netflix de la basket avec un abonnement mensuel pour accéder à un catalogue de paires à échanger. On vient de terminer nos études et notre plateforme entre en phase de test. À ce moment-là, on apprend que la Station F, à Paris, recrute ses futures start-up. On candidate sans trop y croire. Dans l'un des jurys, il y a un type qui ne nous lâche pas et nous secoue. Après que l'on a pitché, il nous dit : "J'ai rien compris." On doit tout réexpliquer. On sort de là transpirants. À la sortie, il nous attend et se présente à nous : "Moussa Camara." La prochaine promotion (12) des Déterminés clôt ses candidatures une semaine plus tard. On l'intègre en... 2020. Malheureusement, avec le Covid, tout est en stand-by. Mais l'équipe des Déterminés ne nous lâche pas pendant le confinement. Toutes les semaines, on fait un point avec eux sur Zoom. On en profite pour reconstruire notre projet. Uncle J naît comme ça. Au début, on pense faire de la location de sneakers à la journée pour les shootings de mode et les tournages de clips. En parallèle, on continue à travailler avec Station F. On a la chance de participer à une visio avec Xavier Niel. On voit bien qu'il n'est pas emballé par notre affaire. On lui dit qu'on hésite à vendre les baskets. Pourquoi pas un Back Market de la sneaker ? "Là, vous tenez un truc, les gars", nous dit Niel. C'est parti ! Uncle J devient une marketplace pour mettre en relation les acheteurs et les vendeurs. Nous n'avons pas de stocks. Nous garantissons l'authenticité des chaussures. Celles-ci sont reconditionnées avant leur mise en vente grâce à un réseau de réparateurs et de cordonniers. Une paire se vend en moyenne 30 % moins cher que sur le marché. M6 nous repère et nous passons dans l'émission "Qui veut être mon associé ?". On n'arrive pas à lever des fonds car nous ne sommes pas encore prêts. Mais le soir même de la diffusion, nous avons 200 000 visiteurs uniques sur notre site.

Nous apprenons de nos échecs. La détermination, ce n'est pas seulement la motivation. Il faut avoir une vision : pourquoi je fais les choses ? »

(*) Uncle J est le premier service de leasing de sneakers par abonnement. https://uncle-j.com

Chacun son mérite

Je suis un peu gêné par la notion de méritocratie. Dans le dictionnaire, on dit que c'est une « hiérarchie sociale fondée sur le mérite individuel ».

C'est cette dimension « individuelle » qui me dérange. Pour moi, le progrès est collectif.

Beaucoup de gens ne se sentent pas reconnus.

Pendant la pandémie de Covid, on s'est rendu compte que l'économie ne pouvait pas tourner sans les routiers et les caissières ! Quel scoop !

Plutôt qu'à la méritocratie, je crois au travail. C'est lui qu'il faut réhabiliter et mieux valoriser.

J'entends beaucoup de débats sur la méritocratie. On dit que c'est un modèle en crise.

Mais au fait, c'est quoi le mérite ? Et c'est quoi son contraire ?

Je me méfie de ce mot et de l'usage qu'on en fait.

Dans notre société, le mérite est beaucoup associé aux diplômes. Est méritant celui qui a réussi très jeune un concours.

Mais alors, celui qui n'a pas de diplômes, il ne vaut rien ?

La réussite scolaire, ça ne dépend pas que de la volonté. Quand vos parents peuvent vous aider à faire vos devoirs, ça aide. Les miens ne parlaient pas très bien français et savaient à peine lire.

Regardons la réalité en face : le travail n'est pas toujours récompensé, loin de là. Ça ne veut pas dire que ceux qui ont échoué malgré leurs efforts ne sont pas méritants.

Ceux qui ont réussi grâce à leur volonté doivent se méfier : ils donnent parfois l'impression d'être tout-puissants. Comme si leur réussite leur était due.

N'est-ce pas une illusion ?

La question est de savoir ce que notre société veut mettre dans le mérite. Elle doit prendre en compte les parcours de vie, l'engagement au service des autres...

La notion de mérite a plein de mérites ! Mais elle a ses limites.

Un client plutôt qu'un job ?

Un jour, Emmanuel Macron a dit qu'il était plus facile pour certains jeunes en France de trouver un client qu'un job. Il n'a pas tout à fait tort.

Il peut parfois être plus simple de créer une entreprise. Mais attention ! Tout le monde se dit entrepreneur aujourd'hui. Et d'ailleurs, un jeune sur deux aspire à le devenir.

L'aventure entrepreneuriale, je le répète, exige des efforts et des sacrifices qu'on n'imagine même pas.

Il ne faut pas s'y engager à la légère.

J'ai aussi beaucoup entendu dire à une époque que l'ubérisation serait la solution à tous les problèmes d'emploi des jeunes.

Le modèle a pu être séduisant au départ. Il mettait le pied à l'étrier de beaucoup de personnes.

Puis on s'est rendu compte que le ticket d'entrée était très élevé.

L'ubérisation a fait passer par pertes et profits le bien-être des travailleurs.

L'État ne peut pas tout

Avec un projet comme celui des Déterminés, l'État est la première porte à laquelle j'aurais dû logiquement frapper.

L'État, en France, c'est un peu compliqué. On met du temps à comprendre comment ça marche. Moi, j'étais pressé.

Et puis, l'État, c'est politique. Les hommes et les femmes à sa tête changent. Si vous n'êtes plus sur les radars de la nouvelle majorité, votre association trinque, que ce soit au niveau national ou local.

J'ai préféré aller chercher des partenaires privés, comme la BNP Paribas ou Mazars. J'ai réfléchi comme un entrepreneur.

Une fois mon projet bien construit, je suis retourné voir l'État.

Paroles de Déterminés
Sharron Manikon, ShaMan Solutions*

« Au départ, je souhaitais que deux de mes amis proches voulant créer leur entreprise fassent la formation des Déterminés. Une association que j'avais découverte par hasard. Voyant qu'ils ne postulaient pas, je me suis inscrite la veille de la clôture des candidatures, en décembre 2015.

J'étais consultante dans la transformation digitale. Mais je n'exploitais pas tout mon potentiel professionnel. Après avoir grandi à Aubervilliers (93) puis à Goussainville (95), j'ai fait un bachelor en management à London Met University, à Londres. Et j'ai obtenu un master management de projets et marketing digital à l'INSEEC, à Paris.

L'entreprise pour laquelle je travaillais à l'époque a fermé son siège à Paris et j'ai été en licenciement économique. Mon bilinguisme était un atout, mais je ne l'utilisais pas tellement.

Je suis devenue indépendante et j'ai lancé ma boîte.

Aujourd'hui, je suis mère de trois enfants et j'ai repris une activité salariée. Je m'occupe des partenariats à la Chambre de commerce et d'industrie d'Île-de-France.

J'ai conservé mon activité de travailleuse indépendante. Je suis consultante formatrice, ce qui me permet d'intervenir chez Les Déterminés, et j'enseigne à l'université de Cergy-Pontoise.

Même si je ne suis pas entrepreneure à part entière actuellement, Les Déterminés m'ont ouvert les yeux sur ma valeur et mes aspirations.

Je suis Déterminée dans la mesure où je me sens libre d'aller au bout de mes idées. Il ne faut pas croire qu'il n'y a qu'un seul chemin pour y parvenir. On rate et on recommence plein de fois avant d'y arriver. On est dans le "test and learn" ! »

(*) ShaMan Solutions accompagne les entreprises à relever les défis liés au numérique. E-mail : sharron.manikon@gmail.com

Entrepreneurs de leur vie

Pour moi, une entreprise c'est, toutes proportions gardées, une forme d'œuvre d'art. L'entrepreneur, tel un artiste ou un artisan, sculpte, dessine, écrit son projet. Il lui donne corps. Je suis ému par ceux qui se lancent dans cette formidable aventure.

Les Déterminés ont permis à des idées de toutes sortes de prendre forme et de toucher un public.

Chacune de ces entreprises raconte une histoire. Rien que d'y penser, c'est comme si je lisais un roman d'aventures ou regardais un film à suspense.

Je pense à Sarah Merrouche, qui, avec Let's Food Concept, s'est imposée comme un traiteur engagé, et à Bénédicte Gory Courbey, fondatrice de Le jardin e(s)t la recette, une filière pour les récoltes et les plantes sauvages du jardin.

Je pense à Mehdi Maizate et à Makagency, une agence d'innovation numérique orientée IoT (Internet des objets) et fabrication numérique.

Je pense à Amadou Mariko, fondateur de Marikoprod, une société de production audiovisuelle qui conçoit et réalise des vidéos scénarisées pour les grandes et moyennes entreprises dans le cadre de leurs actions RSE.

Je pense à tant d'autres Déterminés… Et à tous

les emplois qu'ils ont créés. C'est ça ma grande fierté.

Le profil des projets que nous accompagnons a évolué au fil du temps. Ils se sont étoffés, ont gagné en taille et en ambition.

Nous nous devons d'aider les très bons entrepreneurs mais nous devons aussi veiller à ceux qui entament seulement la première phase de leur développement. C'est la raison pour laquelle nous avons créé un programme de mentorat pour ceux dont le projet n'est pas encore assez mature.

Je tiens à ce que nous marchions sur ces deux jambes.

Paroles de Déterminés
Chems Nouara, MCBOAT*

« Mes parents sont arrivés en France au début des années 80. Mon père étant commerçant, il effectuait des voyages entre l'Algérie et la France. Dans les années 90, l'Algérie connaît la décennie noire. Mes parents décident de tout quitter pour assurer un avenir plus radieux à leurs enfants. Je suis d'une fratrie de cinq frères et sœurs.

J'ai été scolarisé deux ans en Algérie. En France, j'ai dû tout reprendre à zéro, en CP, car je ne maîtrisais pas la langue française. J'étais un garçon curieux, davantage attiré par le travail manuel. Mais ma mère tenait à ce que je fasse des études. Après mon bac scientifique, j'ai étudié la gestion : DUT, licence, Master 1 en management… Mais j'ai eu des difficultés à trouver mon premier poste.

Je suis quelqu'un de spontané, je ne rentre pas facilement dans les cadres trop stricts. J'ai besoin de liberté et d'autonomie pour m'épanouir.

En parallèle de mes études, j'ai créé ma petite autoentreprise, spécialisée dans l'achat et la vente d'automobiles d'occasion. Je n'avais pas vraiment de business plan.

Ensuite, avec mon petit frère, on a acquis un fonds de commerce de coiffure que l'on a revendu assez vite. On y a laissé quelques billes.

Il y a sept ans, j'ai rencontré des personnes qui pratiquaient des sports nautiques. Cela m'a intéressé car bien qu'ayant grandi dans les Bouches-du-Rhône, le monde de la mer m'était étranger. Je le percevais comme un univers élitiste.

Je m'y suis mis. J'ai d'abord loué mon jet-ski. Puis je me suis intéressé aux bateaux. J'ai commencé à proposer des excursions à des personnes de mon entourage.

C'est alors que je suis tombé sur une publication des Déterminés. Ils recrutaient pour leur promo à Marseille. J'ai rempli le formulaire d'inscription et je suis passé devant un jury.

Mon entreprise est en cours de création. J'ai fait l'acquisition d'un bateau avec mon frère. La difficulté consiste pour moi à trouver une place au port. Il faut avoir des contacts. Mon projet a une double dimension. Associative, tout d'abord. Je veux que les jeunes de Marseille se réapproprient le bord de mer en leur faisant découvrir les plaisirs du nautisme et en les sensibilisant à l'environnement. Lucrative, ensuite : j'ambitionne de proposer des excursions uniques en mer.

La formation des Déterminés m'a aidé à me structurer et à me constituer un réseau. Toutes les personnes que j'y ai rencontrées partagent les mêmes valeurs : bienveillance, solidarité. Être déterminé, c'est avoir une idée en tête et se dire : j'y arriverai coûte que coûte.

Si je me projette dans l'avenir, j'espère pouvoir vivre de ma passion à Marseille. Je me vois à la tête d'une société qui proposera des expériences nautiques inoubliables aux familles. »

(*) MCBOAT est organisateur d'événements nautiques sur des bateaux et loueur de bateaux à Marseille. E-mail : chems.nouara@gmail.com

Faites plus simple !

L'ennemie de la mobilité, c'est la complexité. Le cauchemar de tout entrepreneur, c'est la paperasserie. Il se réveille la nuit en sueur car il n'a toujours pas son extrait Kbis.

Quand on ne connaît pas d'aide comptable ou que l'on n'a pas les moyens de se payer un avocat, on se sent seul face à cette bureaucratie. On risque de faire des erreurs.

On a envie de dire aux représentants de l'État : faites simple !

Le statut de la microentreprise va dans le bon sens. Mais il faut aller plus loin.

Prêts à se défoncer

Pour la promotion nationale 2023, Les Déterminés ont reçu près de 2 000 dossiers de candidature. C'est notre record. Et, à la fin, nous avons retenu seulement une vingtaine de projets. J'aimerais qu'on puisse former davantage de personnes. C'est notre objectif. Il nécessite de nouveaux moyens financiers pour assurer le mentorat.

Mais en attendant, on ne peut pas faire mieux.

Vingt sur deux mille ! Certains diront que nous sommes presque aussi élitistes que les grandes écoles comme Sciences Po ou HEC.

Ça nous arrache le cœur de ne pas pouvoir garder un plus grand nombre de personnes. Même si nous ouvrons désormais une quarantaine de promotions par an dans toute la France. Chacune accueillant vingt à trente personnes en moyenne.

Nous passons probablement à côté de très bons projets entrepreneuriaux. Nous pouvons nous tromper. Mais le premier critère de choix, c'est la motivation. Nous ne sélectionnons que des gens prêts à se défoncer.

On ne fait pas les choses à leur place. Mais on leur donne la possibilité de les faire.

Comment on mesure l'envie chez une personne ? Ce n'est pas scientifique. Ça se sent d'abord lors de l'échange que l'on a avec elle.

On voit aussi très vite si elle est prête à faire des sacrifices pour son projet.

Vingt personnes, ça peut paraître peu. Mais je suis à peu près certain que lors de la formation de six mois, nous pourrons compter sur un groupe qualitatif, restreint mais hypermotivé. Quand Les Déterminés sortent de chez nous, ils ont un projet en béton. Et ils sont transformés humainement.

Retisser les liens

Il ne faut pas tout attendre des politiques. Mais il ne faut pas non plus leur jeter la pierre. Tout au long de mes années d'engagement, à leur contact, j'ai pu mesurer combien il était parfois complexe de faire avancer les dossiers.

Dans la vie politique, il y a aussi beaucoup de postures. Syndicats, élus, associations… chacun est dans son rôle. Et le joue parfois sans se soucier de l'intérêt général.

Pour moi, la politique consiste à comprendre les citoyens et à s'adresser à tout le monde.

Dans la République, tout le monde devrait se sentir en sécurité, pas seulement physique, mais pouvoir vivre dans un cadre apaisé.

On n'y est pas. Certains aiment d'ailleurs créer des tensions.

Malgré tout, je reste optimiste. Même si le climat civique que j'ai connu adolescent me paraissait plus calme.

La mission d'une association comme Les Déterminés, c'est de retisser les liens qui se sont rompus. Nous sommes un laboratoire d'idées très ancré dans la réalité. C'est ce contact-là qui manque parfois aux politiques.

Paroles de Déterminés
Mamadou Dia, MID Transit*

« J'ai passé vingt ans dans le salariat. J'ai été agent de sécurité à l'OM, éducateur, organisateur d'événements... En 2013, j'ai rencontré celle qui est devenue mon épouse. Elle m'a encouragé à changer de voie et à entreprendre. À l'âge de trente-huit ans, j'ai repris mes études. J'ai passé un BTS transport aérien, commerce maritime. Je m'intéressais à l'import-export, mais je me suis rendu compte que les particuliers comme les entreprises passaient par un transitaire.

J'avais une idée de business en tête mais elle n'était pas mûre encore. Des personnes dans mon entourage m'ont alors parlé des Déterminés. J'ai postulé. Mais je n'avais pas suffisamment de temps pour participer à leur formation.

Un an plus tard, je me suis à nouveau porté candidat. L'association venait de créer une promo à Marseille. Entre-temps, j'avais lancé ma boîte. La formation m'a permis de me structurer.

Le transit est ma passion. Je travaille aussi bien pour des particuliers que des entreprises, qui souhaitent envoyer des marchandises. Je contacte les transporteurs et j'effectue toutes les démarches nécessaires, aussi bien administratives que douanières.

J'ai créé une deuxième société au Sénégal, mon pays d'origine.

C'est un marché compliqué avec des acteurs déjà bien installés. Je me débrouille avec ma détermination.

Le plus difficile dans l'entrepreneuriat, c'est la prise de décision. Il faut faire les bons choix stratégiques.

Quand on entreprend, on a vite des œillères. On a besoin de gens autour de nous pour nous écouter et porter un regard critique sur ce que nous faisons. Ma femme joue ce rôle-là. D'ailleurs, elle veut devenir elle-même entrepreneuse.

C'est important d'avoir toujours en tête la vision de notre projet. Les Déterminés nous le rappellent sans cesse. Et c'est le message que je fais passer en ma qualité de coordinateur de l'association à Marseille. »

(*) MID Transit est un transitaire-commissionnaire basé à Marseille, spécialisé dans les transports internationaux par voies maritime et aérienne. https://mid-transit.fr

La niaque des débuts

En 2022, j'ai ressenti une étrange impression. Comme une baisse d'énergie. Pourtant, j'étais en forme.

La réalité est que j'avais perdu un peu de ma niaque. Cette niaque des débuts, lorsque j'ai lancé Les Déterminés. Le meilleur moment pour moi.

Où étaient-elles donc passées, cette faim et cette rage ?

Pour le savoir, je me suis mis à l'épreuve. J'ai fait du sport comme un fou. J'ai rallongé mes footings, durci mes entraînements.

Je me suis obligé à me réveiller toujours plus tôt. Je me suis privé de choses que j'aimais bien manger.

Il fallait que ma vie redevienne plus dure. Je le sentais dans mes veines.

À force de m'entendre dire que j'étais quelqu'un de formidable et que Les Déterminés étaient une réussite, je m'étais endormi sur mes lauriers. Je me reposais sur mes acquis. La détermination était en train de me quitter.

En réalité, je n'étais plus sur mes gardes. C'est à ce moment-là que l'on risque de chuter le plus durement.

J'avais besoin de retrouver l'envie de me battre.

Avec l'équipe nous nous sommes réunis et nous sommes revenus aux fondamentaux.

Aujourd'hui, j'ai encore plus la niaque.

C'est la leçon que j'ai retenue : il faut être très vigilant dans la réussite car elle vous endort. Ne jamais oublier de se demander : qu'est-ce qui ne va pas ? Comment pourrais-je faire autrement ?

Le rêve français

J'ai été frappé par le patriotisme des Américains. Ils ont beau se revendiquer de communautés différentes, ils se sentent d'abord américains.

Ils n'ont pas besoin d'une Coupe du monde de football pour hisser les drapeaux étoilés sur le toit de leur maison.

En France, on devrait revendiquer davantage d'être français.

On a tout en main pour réinventer le rêve français.

Aux Déterminés, nous accueillons tout le monde.

Si les Français travaillent ensemble, ils n'auront plus aucun mal à vivre ensemble.

La France est « DÉTER »

Et si Les Déterminés étaient le laboratoire de la France de demain ? Eh oui, pourquoi pas ? Rêvons un peu. Non pas endormis, mais bien éveillés.

En huit ans d'existence, notre association a acquis une connaissance exceptionnelle du tissu humain de notre pays.

Notre programme de formation a permis à des milliers de Déterminés de se révéler. Autant d'hommes et de femmes qui ont décidé de vivre leur destin malgré tout ce qui les en empêchait : leur condition sociale, leur couleur de peau, leur isolement géographique, leurs échecs scolaires, leur handicap...

Partout dans le pays, dans les villes et les campagnes, du nord au sud et d'ouest en est, la nouvelle a commencé à se propager. Il existe une alternative au fatalisme et à la résignation : c'est la voie « DÉTER ».

Vous l'avez compris, notre association propose bien davantage qu'un programme de formation pour les futurs entrepreneurs. Elle est porteuse d'un projet de société beaucoup plus large et ambitieux.

Une société qui se donnerait pour mission de briser tous les déterminismes.

Une société qui ferait une place à chacun, quels que soient sa couleur de peau, sa religion ou ses diplômes.

Une société qui récompenserait le travail, quelle que soit sa forme.

Une société dans laquelle chacun se sentirait libre et en confiance pour créer, innover… bref, oser être soi.

Quand je rencontre tous ces Déterminés que nous avons accompagnés en huit ans, je ne peux m'empêcher de voir en eux une France idéale : la France « DÉTER ».

La France « DÉTER » se serre les coudes et s'entraide, se parle et s'écoute. Ici, personne ne vous demande d'où vous venez, mais où vous voulez aller. On ne fait pas les choses à votre place, on vous permet de les faire. On vous apprend à pêcher, et c'est à vous d'aller chercher le poisson.

C'est cette France-là qu'il faut continuer à faire

grandir, encore et encore. Nous ne sommes qu'au début de cette œuvre colossale.

Je vous ai raconté qu'enfant je voulais devenir maçon. Les Déterminés, c'est le premier étage d'une maison plus grande qu'il reste à construire.

Car, au fond, un pays, c'est aussi une maison. Tant que nous n'aurons pas posé le toit, je considérerai que ma mission n'est pas accomplie.

Ce livre se termine ici, alors que tout commence aujourd'hui.

Remerciements

À ma mère et à toute ma famille,

À toutes celles et tous ceux qui m’ont apporté leur aide et leur soutien et grâce auxquels l’aventure Les Déterminés a pu voir le jour.

En hommage à mon père, paix à son âme.

Composition et mise en pages
Nord Compo à Villeneuve-d'Ascq

CET OUVRAGE
A ÉTÉ ACHEVÉ D'IMPRIMER
SUR ROTO-PAGE
PAR L'IMPRIMERIE FLOCH
À MAYENNE EN AOÛT 2023

N° d'impression : 103092
Imprimé en France